# RECUEIL

## *DE PLANCHES,*

SUR

## LES SCIENCES,

## *LES ARTS LIBÉRAUX,*

ET

## LES ARTS MÉCHANIQUES,

*AVEC LEUR EXPLICATION.*

---

## L'ART DU TOURNEUR

---

A PARIS,

*AVEC APPROBATION ET PRIVILEGE DU ROY.*

# TOURNEUR ET TOUR A FIGURE,

## CONTENANT QUATRE-VINGT-SEPT PLANCHES.

### PLANCHE Iere.

#### *Attelier.*

CETTE Planche repréfente un attelier de tourneur où plufieurs ouvriers font occupés, l'un en A, à tourner le bois au pié, un autre en C, à tourner le fer à la roue, un autre en C, à en tourner la roue.

Cet attelier contient trois fortes de tours; le premier marqué A, en bois; le fecond, marqué B, en fer; & le troifieme, marqué D, en l'air. La roue B eft compofée de deux arcs, la plus grande pour tourner les petits diametres, & la plus petite pour les grands diametres; leurs furfaces partant moins vîte fous l'outil, ne le brûle point. E E font les perches des tours au pié. F F &c, font les rateliers où font accrochés les outils.

### PLANCHE II.

#### *Tour en bois.*

Le haut de cette Planche repréfente un petit attelier de tourneur, où font deux tours au pié: l'un A monté, & l'autre B démonté; C C en repréfentent les établis; D D &c, les poupées; E, la perche; F, l'arc; G G, les rateliers où font les outils, &c.

*Fig.* 1. Etabli de tour. A, la table. B B, les piés.
2 & 3. Poupées fimples. A A, les pointes. B B, les queues.
4 & 5. Pointes des poupées démontées. A A, les pointes. B B, &c. les branches.
6. Barre de fupport.
7 & 8. Crochets du fupport. A A, les crochets. B B, les mortaifes pour placer le fupport à volonté.
9. Arc. A, l'arc. B, le fupport. C, la corde. D, la poulie.
10. Poulie de l'arc.
11 & 12. Clés des poupées.

### PLANCHE III.

#### *Tour en bois.*

*Fig.* 1. Perche. A, le bout d'arrêt. B, le bout d'atterrage. C, la corde.
2. Crampon de la perche. A A, les bouts d'arrêts.
3. & 4. Clés des poupées. *fig.* 10 & 11.
5 & 6. Crochets du fupport. A A, les crochets. B B, les mortoifes.
7 & 8. Claviers des crochets.
9. Claviers de pédale. A, le montant à tourillon. B, le montant. C, l'écharpe.
10 & 11. Poupées, l'une à pointe à vis, & l'autre à pointe à écrou. A, la vis. B, la pointe. C C, les queues à mortaife.
12 & 13. Les pointes d'appui de la pédale. A A, les trous pour les tourillons. B B, les clés pour les arrêter dans les piés de l'établi.
14. Pointe à écrou de la poupée. A, la pointe. B, la tige quarrée. C, la vis à écrou.
15. Pointe à vis de la poupée. A, la pointe. B, la vis. C, la tête garnie de trous pour la tourner.

#### *Outils de tour en bois.*

16. Cifeau droit.
17. Cifeau biais.
18. Beudâne.
19. Grande gouge.
20. Moyenne gouge.
21. Grain d'orge quarré.
22. Grain d'orge aigu.
23. Petit grain d'orge.

*Fig.* 24. Petite gouge. A A, &c. les taillants. B B, &c. les manches.
25. Piece de bois ébauchée à la coignée.
26. La même piece de bois arrondie à la place difpofée à être mife fur le tour.
27. Difpofition de la piece montée fur le tour vu de profil. A, la piece. B, le fupport. C, l'outil.
28. Difpofition de la même piece montée fur le tour, vu de face. A A, les pointes du tour. B, la piece. C C, les outils, felon leur différente fituation.
29. Façon de creufer les pieces avec la gouge. A, la partie de la piece. B, la partie de la gouge.
30. Façon d'arrondir avec le grain d'orge. A, la partie de la piece. B, la partie du grain d'orge.
31. Façon d'arrondir avec les cifeaux droits. A, la partie de la piece. B B, la partie des cifeaux.

### PLANCHE IV.

#### *Tour en fer.*

Le haut de cette Planche repréfente un tour en fer à roue, garni de toutes fes pieces. A, repréfente le tour monté. B, la roue.

*Fig.* 1 & 2. Poupée de tour en fer, l'une à pointe à écrou, & l'autre à pointe à vis. A, la pointe. B, la vis. C C, les queues. D D, les vis à tête. E E, les traverfes.
3. Coupe.
4. Elévation à face.
5. Elévation latérale de l'une des deux poupées. A A, les têtes. B B, les queues. C, la vis à écrou pour l'arrêter fur l'établi. D, la traverfe.
6 & 7. Vis à écrou des poupées. A A, les têtes. B B, les traverfes. C C, les tiges. D D, les vis. E E, les écrous.
8 & 9. Traverfes des vis.
10. Pointe à vis de poupée. A, la pointe. B, la vis. C, la tête.
11. Pointe à écrou. A, la pointe. B, la tige quarrée, C, la vis à écrou.
12. Virole de la pointe précédente.
13. Ecrou de la pointe précédente.

### PLANCHE V.

#### *Tour en fer.*

*Fig.* 1. Support de fer monté. A, le fupport en bois. B, le fupport en fer. C, le té. D, la vis à écrou. E, la vis à tête, à chapeau. F, la fourche. G, la vis pour arrêter le fupport fur l'établi.
2. Fourche du fupport. A A, les branches.
3. Support de fer coudé. A, le trou du té. B, le trou de la vis à tête.
4. Support de bois à fourche. A A, les branches.
5. Support de bois coudé.
6 & 7. Autre fupport de bois fimple.
8. Vis à tête à chapeau pour arrêter le fupport de fer fur la fourche. A, la tête. B, la vis.
9. Virole du té.
10. Ecrou du té.
11. Té pour fixer les fupports de bois fur le fupport de fer. A, le té. B, la tige quarrée. C, la vis à écrou.
12. Ecrou à patte de la vis à fixer le fupport fur l'établi. A A, les pattes.
13. Traverfe de la même vis.
14. Vis à tête du fupport pour le fixer fur l'établi. A, la tête. B, la traverfe. C, la tige. D, la vis. E, l'écrou à patte.
15. Clé à tourner les vis à fixer les fupports en poupées fur l'établi. A, la partie coudée. C, la partie droite.

A

16. Clé des vis à écrou du support. A, la clé de l'é-crou. B, la clé de la vis. C, la tige.
17. Autre clé pour le même usage. A, partie mobile & à charniere de la clé.
18. Elévation d'un côté.
19. Elévation latérale.
20. Elévation de l'autre côté.
21. Coupe de la poulie double du tour. A A, les noix des poulies. B B, clavier de fer à patte à vis pour fixer sur les pieces à tourner. C C, &c. vis pour l'arrêter.
22. Clavier de fer de la double poulie précédente. A A, le cercle. B B B, les pattes. C C C, les vis à tête quarrée.
23, 24 & 25. Vis du clavier précédent. A A A, les têtes. B B B, les vis.
26, 27 & 28. Vis à tête à chapeau pour arrêter le cla-vier sous la double poulie. A A A, les têtes. B B B, les vis.
29, 30 & 31. Pattes du même clavier. A A A, la partie à queue.
32. Clé des vis du même clavier. A, la clé. B, la tige.

### PLANCHE VI.

*Tour en bois & en fer.*

*Fig.* 1. Disposition d'un support de tour en bois monté. A, le support. B B, les fourchettes coudées. C C, les montans. D D, les clés.
2. L'une des fourchettes du support garnie. A, la fourchette. B, le montant. C, la clé.
3. Plan du haut d'un support à lunette pour soutenir la trop grande longueur des pieces à tourner, & en empêcher le tremblement qu'on appelle *brou-tage*.
4. Elévation latérale.
5. Coupe.
6. Elévation perspective du même support à lunette. A, le support. B B, les coussinets. C, la platine. D D, les vis pour serrer la platine sur les coussi-nets. E, les trous des serres ou des vis. F, la vis à fixer le support. G, la traverse. H, le trou de l'é-crou de la vis.
7. Vis & platine des coussinets du support à lunette. A, la platine. B B, les têtes des vis. C C, les tiges. D D, les écrous.
8 & 9. Coussinets en étain. A A, les languettes.
10. Traverse de la vis à fixer.
11. Vis à fixer. A, la tête. B, la tige. C, l'écrou.
12. Essaite. A, la tête. B, le taillant. C, le manche.
13. Maillet. A, le maillet. B, le manche.
14. Coignée. A, le taillant. B, l'œil. C, le manche.
15. Hachette. A, le taillant. B, l'œil. C, le manche.
16. Hache. A, le taillant. B, l'œil. C, le manche.
17. Serpe. A, le taillant. B, le manche.
18. Billot à hacher le bois.
19. Plane. A, le fer. B, le taillant. C C, les manches.
20. Vilebrequin. A, le fût du vilebrequin. A, la tête. B, la meche.
21. Meche de vilebrequin. A, la tête. B, la meche.
22. Marteau. A, la tête. B, la paume. C, le manche.
23. Plastron de bois à placer sur l'estomac, lorsque l'on plane. A, le plastron. B B, les courroies.

### PLANCHE VII.

*Filiere à tarots.*

*Fig.* 1. Filiére à vis de bois. A, la platine inférieure. B, la platine supérieure. C C, les vis. D, le trou à faire la vis. E, l'outil. F, le crampon de l'outil. G, la vis à pousser l'outil à mesure que la vis se fait. H H, les vis à serrer les platines.
2. Platine inférieure. A A, les trous des vis. B, le trou à faire la vis. C, l'entaille de l'outil. D, ressort à chasser l'outil.
3. Platine supérieure. A A, les trous des vis. B, le trou à conduire la vis.

*Fig.* 4 & 5. Vis à serrer les deux platines ensemble. A A, les vis. B B, les têtes. C C, les manivelles.
6. Vis préparée. A, la grosseur du fond du filet. B, la grosseur de la vis. C, la tête.
7. Vis-faite. A, la vis. B, la grosseur du filet. C, la tête.
8. Triangle représentant la forme du filet de la vis.
9. Outil à couper le bois pour former le filet. A, le taillant.
10. Tarot emmanché pour faire les écrous en bois. A, la vis du tarot. B, la tige. C, le manche.
11. Tarot à tête plate. A, la vis. B, la tête.
12. Tarot à tête ronde. A, la vis. B, la tête.
13. Tarot à tête quarrée. A, la vis. B, la tête.
14. Crampon à patte de la filiere en bois. A A, les pattes. B, la vis.
15. Ressort à patte de l'outil de la même filiere. A, la patte.
16. Tarot pour les écrous en fer. A, la vis. B, la tête.
17. Filiere pour les vis en fer. A A A, les trous. B B, les bras.
18. Tourne-à-gauche pour tourner les tarots. A, la mortaise. B B, les bras.

### PLANCHE VIII.

*Filieres doubles & compas.*

*Fig.* 1. Filiere double. A A, les coussinets. B B, les vis. C C, les bras coudés. D D, les vis à écrou pour les retenir ensemble.
2 & 3. Vis à serrer les coussinets l'un contre l'autre. A A, les têtes. B B, les vis.
4. Clé à vis & à écrou. A, la clé à vis. B, la clé à écrou. C, la tige.
5 & 6. Bras coudés de la filiere. A A, les coudes. B B, les rainures des coussinets. C C, les vis à écrou. D D, les trous des vis à écrou. E E, les trous des vis à tête. F F, les branches.
7 & 8. Coussinets taraudés. A A, &c. les languettes.
9. Autre filiere double. A A, le clavier. B, le bras à clavier. C, le bras à vis. D D, &c. les coussinets.
10. Clavier de la filiere. A A, les rainures. B, l'écrou du bras à vis. C, le bras.
11. Bras à vis de la filiere. A, la vis. B, la tête. C, le bras.
12. Tarot. A, la vis. B, la tête.
13, 14, 15 & 16. Coussinets. A A, &c. les languettes.
17. Grand compas droit. A, la tête. B B, les pointes.
18. Petit compas droit. A, la tête. B B, les pointes.
19. Compas d'épaisseur. A, la tête. B B, les pointes.
20. Compas de proportion extérieure. A, la charniere. B B, les pointes. C C, les branches.
21. Compas de proportion intérieure. A, la charniere. B B, les pointes. C C, les branches.
22. Autre compas de proportion extérieure. A, la char-niere. B B, &c. les pointes.
23. Petite scie tournante. A, le clavier. B, pivot à vis à écrou. C, la virole du manche. D, le fer. E, le manche.

### PLANCHE IX.

*Outils.*

*Fig.* 1, 2, &c. & 13. Outils de tour pour le té, le plomb & étain.
1, 2 & 3. Gouges de différente grandeur.
4, 5 & 6. Burins droits.
7 & 8. Burins biais, l'un à droite & l'autre à gauche.
9, 10 & 11. Grains d'orge.
12 & 13. Langues pointues. A A, &c. les taillans. B B, &c. les crocs pour les fixer sur les supports de bois. C C, &c. les tiges. D D, &c. les manches.
14, 15, &c. & 26. Outils de tour pour le cuivre, bois, pierre, &c.
14, 15 & 16. Gouges.
17 & 18. Demi-gouges, l'une à droite & l'autre à gauche.

*Fig.* 19 , 20 & 21. Burins droits.
22, 23 & 24. Grains d'orge.
25. Langue pointue.
26. Langue crochue. A A , *&c.* les taillans. B B , les tiges. C C , les manches.
27. Goupillon pour arrofer le fer , le plomb & l'étain pendant qu'on le tourne. A , l'éponge. B , le manche.
28. Sébille à contenir l'eau pour arrofer.

## PLANCHE X.

### *Outils.*

*Fig.* 1. Bec-d'âne.
2. Gouge.
3 & 4. Grains d'orge , l'un à droite & l'autre à gauche.
5 & 6. Fermoirs, demi-ronds, l'un à droite & l'autre à gauche.
7 & 8. Fermoirs, demi-creux , l'un à droite & l'autre à gauche.
9. Fermoir creux droit.
10 & 11. Burins à crochet, l'un à droite & l'autre à gauche.
12 & 13. Gouges à crochet, l'une à droite & l'autre à gauche.
14 & 15. Grains d'orge à crochet, l'un à droite & l'autre à gauche.
16 & 17. Fermoirs creux à crochet, l'un à droite & l'autre à gauche.
18 & 19. Crochets ronds , l'un à droite & l'autre à gauche.
20. Crochet rond double.
21. Crochet creux double.
22 & 23. Mouchettes fimples en burins.
24 & 25. Mouchettes fimples en gouge.
26 & 27. Mouchettes fimples en fermoirs creux. A A , *&c.* les taillans. B B , les tiges. C C , les manches.

## PLANCHE XI.

### *Outils.*

*Fig.* 1. Mouchette double en burin.
2. Mouchette double en gouge.
3. Mouchette double en grain d'orge.
4. Mouchette double en fermoir creux.
5 & 6. Crochets à volute , l'un à droite & l'autre à gauche.
7 & 8. Mouchettes rondes en burin.
9 & 10. Mouchettes rondes en gouge.
11 & 12. Mouchettes rondes en grain d'orge.
13 & 14. Mouchettes rondes en fermoir creux.
15 & 16. Crochets ronds aigus, l'un à droite & l'autre à gauche.
17 & 18. Crochets ronds camus, l'un à droite & l'autre à gauche.
19. Grand croiffant à creufer.
20 & 21. Petit croiffant à creufer.
22. Peigne à faire des vis.
23 & 24. Peigne à faire des écrous, l'un à droite & l'autre à gauche.
25. Peigne à faire des vis à gros filets.
26 & 27. Peigne à faire des écrous à gros filets, l'un à droite & l'autre à gauche. A A , *&c.* les taillans. B B , les tiges. C C , les manches.

## PLANCHE XII.

### *Meules.*

*Fig.* 1. Pierre à aiguifer les outils , montée fur un billot. A, outil. B , la pierre. C , le billot. D , l'auge à contenir l'eau. E E , les piés.
2. Meule à roue horifontale. A , la meule. B , la poulie. C , l'arbre de la meule. D , l'étrier de la meule. E , la roue. F , l'arbre de la roue. G , la manivelle. H , l'étrier de la roue. I I , les crampons. K , le coin. L , l'établi. M M , les piés.
3. Plufieurs meules à roue verticale montées entre deux pointes. A A A , les meules. B B , les poupées. C C ,

les pointes. D D , les jumelles de la table. E , la roue. F , la poulie.
*Fig.* 4. Les meules montées. A A A , les meules. B , la poulie. C C , la roue.
5. Roue verticale. A , la roue. B , l'arbre à manivelle.
6. Pointe à queue. A , la pointe. B , la queue.
7. Pointe à tête. A , la pointe. B , la tête.
8. Meule fimple garnie de fon auge. A , la meule. B , l'auge. G , le fupport. D , la calotte. E E , les piés. F , la pédale.
9. Meule. A , la meule. B , l'arbre. C , la manivelle.
10. Support à pofer les outils lorfque l'on aiguife.
11. Calotte pour empêcher l'eau de jaillir.
12. Boulon de la pédale. A , la tête. B , la vis à écrou.
13. Arbre de la meule. A , l'arbre. B B , les tourillons. C , la manivelle.
14. Pédale, A. Le pivot, B.

## PLANCHE XIII.

### *Tour en l'air.*

*Fig.* 1. Poupée poftérieure de la figure 8. A , la poupée. B B , les couffinets. C , la platine à charniere. D , la vis pour ferrer les couffinets. E E , les touches.
2. L'une des touches du clavier. A , le point d'appui. B , l'échancrure pour le paffage de l'arbre.
3. Platine à charniere. A , la platine. B B , les charnieres. C , la vis.
4. Elévation en face latérale des couffinets. A A , *&c.* les noix.
5. Bouchon de la vis. A , la tête.
6. Vis. A , la vis. B , le vafe.
7. Poupée antérieure. A , la poupée. B B , les couffinets. C , la platine à charniere. D , la vis.
8. Les mêmes poupees montées. A A , l'arbre. B , la poulie. C , la poupée poftérieure. D D , le clavier compofé de plufieurs touches. E , la poupée antérieure.

## PLANCHE XIV.

### *Poupées à lunettes.*

*Fig.* 1 & 2. Poupée antérieure montée , vue des deux côtés. A , la poupée. B , la queue. C , la lunette inférieure immobile. D , la lunette mobile fupérieure. E , la platine en laiton tenant les lunettes. F F , *&c.* boutons retenant la platine.
3. La même poupée démontée. A , le corps de la poupée. B , la queue. C C , les jumelles.
4. Lunette fupérieure. A , le point d'appui. B , le couffinet.
5. Lunette inférieure. A , le couffinet.
6. Platine de laiton retenant les lunettes. A , l'échancrure de la lunette.
7, 8, 9 & 10. Boutons retenant la platine. A A , *&c.* les têtes. B B , les vis à écrou.
11. & 12. Poupée poftérieure montée , vue de face & de côté. A , la poupée. B , la queue. C , la lunette immobile. D , la lunette mobile. E , le coin. F , la platine retenant les lunettes. G G , les touches. H , la platine retenant les touches.
13. La même poupée démontée. A , le corps. B , la queue. C C , les jumelles.
14. L'une des touches. A , le pivot. B , l'échancrure de l'arbre.
15. Lunette immobile. A , le couffinet.
16. Platine des lunettes. A , l'échancrure de la lunette.
17. Platine des touches.
18. Le coin à volute de la lunette mobile.
19. Lunette mobile. A , le pivot. B , le couffinet.
20. Boutons des touches. A , la tête. B , la vis à écrou.
21, 22 & 23. Boutons des lunettes. A A A , les têtes. B B B , les vis à écrou.
24. Autre poupée antérieure à lunette immobile. A , la poupée. B , la queue. C , la lunette. D , le té à vis. E , le bouton.
25. Poupée poftérieure à lunette mobile. A , la poupée. B , la queue. C , la lunette. D , le té à vis.

*Fig.* 26. Lunette immobile. A, la charniere. B, la bride. C, la vis. D, la jumelle immobile. E, la jumelle mobile.

27. Bouton de la lunette précédente. A, la tête. B, la vis à écrou.

28. Le té à vis de la même lunette. A, le té. B, la vis à écrou.

29. Lunette mobile. A, le trou. B, la fourche.

30. Le té de la lunette mobile. A, le té. B, la vis à écrou.

31. Petit tarot emmanché. A, le tarot. B, la tige. C, le manche.

32. Boëte qui se place au bout des arbres en l'air.

### P L A N C H E   X V.

#### *Poupées à lunettes.*

*Fig.* 1. Poupée postérieure montée à lunette tournante. A, la poupée. B, la lunette circulaire. C, le bouton.

2. La même poupée démontée. A, la poupée. B, l'échancrure du haut. C, le trou du boulon du milieu. D, le trou du boulon d'arrêt. E, la queue.

3. Lunette circulaire. A, le trou du boulon.

4. Boulon de milieu. A, la tête. B, la vis à écrou.

5. Boulon d'arrêt. A, la tête. B, la vis à écrou.

6. Poupée postérieure à lunette mobile. A, la poupée. B, la lunette. C, le té. D, le boulon.

7. La même poupée démontée. A, la poupée. B, l'échancrure du haut. C, le trou du té. D, le trou du boulon. E, la queue.

8. Té. A, le té. B, la vis à écrou.

9. Boulon. A, la tête. B, la vis à écrou.

10. Lunette mobile. A, le trou de la lunette. B, la mortaise du té. C, la mortaise du boulon.

11. Autre poupée antérieure montée à lunette à pointe mobile. A, la poupée. B, la lunette. C, la pointe. D, le crampon. E, le boulon d'arrêt.

12. La même poupée démontée. A, la poupée. B, la queue. C, l'échancrure du haut. D D, les trous du crampon. E, le trou du boulon.

13. Lunette mobile. A A, les trous taraudés.

14. Crampon. A, le crampon. B B, les vis à écrou.

15. Pointe de la lunette. A, la pointe. B, la vis.

16. Poupée antérieure montée. A, la poupée. B B, les coussinets. C C, les coins. D D, les coulisses. E, la platine.

17. La même poupée démontée. A, la poupée. B B, les jumelles. C, la queue.

18 & 19. Coulisses du haut. A A, les trous du coin.

20 & 21. Coussinets. A A, les mortaises.

22. Boulons des coulisses. A, la tête. B, la vis à écrou.

23. Platine des coussinets. A, l'échancrure pour le passage de l'arbre. B B, les chevilles de conduite.

24 & 25. Coins des coussinets.

26. Coulisse d'en-bas.

27. Poupée postérieure à lunette à coulisse montée. A, la poupée. B, la platine. C, la lunette à coulisse. D, le coin.

28. La même poupée démontée. A, la poupée. B, l'échancrure pour le passage de la lunette à coulisse. C, l'échancrure pour le passage de la clé. D, la queue.

29. Lunette à coulisse. A A, &c. les trous de la lunette.

30. Clé de la lunette.

31. Platine de la poupée.

### P L A N C H E   X V I.

#### *Poupées à lunettes.*

*Fig.* 1. Autre poupée antérieure à charniere montée. A, la poupée. B, la boëte à charniere. C, la plate-bande à talon. D, le tasseau. E, la vis à écrou.

2. La même poupée démontée. A, le corps. B, la queue. C C, les jumelles.

3. Boëte à charniere. A, la boëte. B B, le clavier. C, la charniere.

4. Porte-coussinet supérieur. A, le coussinet.

5. Porte-coussinet inférieur. A, le coussinet.

*Fig.* 6. Plate-bande à talon. A, le talon. B, le trou de la vis à écrou.

7. Le tasseau.

8. Vis à écrou. A, la vis en bois. B, l'écrou.

9. Poupée postérieure à touche montée. A, la poupée. B B, &c. les touches. C C, les coins des touches. D D, la lunette à charniere. E E, les coins de la lunette. F F, les hausses. G, la platine.

10. La même poupée démontée. A A, les jumelles. B, la queue.

11. Lunette. A, la charniere. B, l'échancrure.

12. Lunette des touches. A, le point d'appui. B, l'échancrure.

13. L'un des coins.

14. Platine garnie de ses hausses. A, la platine. B B, les hausses.

15. Autre poupée antérieure à lunette montée. A, la poupée. B, la lunette. C C, les coins. D D, les platines.

16. La même poupée démontée. A, le corps. B B, les jumelles. C, la queue.

17. Platines. A A, les platines. B B, les entre-toises.

18. Lunette à charniere garnie de ses coins. A, la charniere. B, l'échancrure. C C, les coins.

19. Poupée postérieure à touches, montée. A, la poupée. B B, les coussinets. C, la plate-bande. D D, les vis à serrer les coussinets. E, les touches.

20. La même poupée démontée. A, le corps. B, la queue. C, la boëte. D D, les mortaises des touches. E E, les rainures des coussinets.

21. L'une des touches à volute. A, la pointe d'appui. B, l'échancrure. C, la volute.

22. Plate-bande à serrer les coussinets.

23. & 24. Coussinets, l'un inférieur & l'autre supérieur. A A, &c. les languettes.

25. Cale à serrer les coussinets.

26. Vis à serrer les coussinets. A, la tête. B, la vis.

27 & 28. Vis à serrer la plate-bande des coussinets. A A, les têtes. B B, les vis.

29. Arbre de tour en l'air. A, la boëte. B, l'écrou pour serrer la boëte. C C, &c. différens pas de vis. D, petite noix. E, l'embase à vis. F, l'embase à écrou.

### P L A N C H E   X V I I.

#### *Tours montés.*

*Fig.* 1. Tour en bois. A A, les jumelles d'établi. B, les poupées. C, le support. D D, les crochets du support.

2. Tour en fer. A A, les jumelles d'établi. B, la poupée à vis. C, la poupée à pointe. D, le support en fer.

3. Tour en l'air. A A, les jumelles d'établi. B, la poupée à pointe. C, la poupée antérieure. D, la poupée postérieure.

4. Tour en vis. A A, les jumelles d'établi. B, la poupée antérieure à touche. C, la poupée postérieure à lunette. D, le support en bois.

### P L A N C H E   X V I I I.

#### *Poupées à guillocher.*

*Fig.* 1. Poupée antérieure à lunette à ressort montée. A, la poupée. B, la lunette. C, le point d'appui. D, le ressort. E E, les supports des ressorts. F, la platine. G, la lumiere des rencontres. H, la bride de la lunette. I I, les coussinets. K, le chapiteau des coussinets.

2. La même poupée garnie de sa platine & de ses brides. A, la poupée. B, la platine. C C, les brides.

3. La même poupée démontée de toutes ses pieces. A, le corps. B, la queue. C C, les jumelles. D D, les lumieres des rencontres.

4. Lunette démontée. A, le point d'appui. B B, les jumelles.

5. Chapiteau des coussinets. A, la vis à écrou pour lever & desserrer les coussinets.

6 & 7. Coussinets.

*Fig.* 8.

*Fig.* 8. **Platine** de cuivre de la lunette. A, le point d'appui. B B, les jumelles.

9 & 10. Brides des jumelles de la poupée. A A, &c. les coudes.

11. Reffort.

12, 13, 14 & 15. Vis pour lever les rencontres. A A, les têtes. B B, les vis.

16. Bride de la lunette. A A, les coudes. B B, les pattes.

17 & 18. Supports de refforts. A A, les yeux. B B, les pattes.

19. Rencontre à té. A, le té. B, la tige.

20. Rencontre à bifeau. A A, les bifeaux.

21. Entre-toife des rencontres. A A, les tenons.

22. Rencontre à roulette. A, la moufle. B, la tige.

23. Roulette de la rencontre précédente.

24. Poupée poftérieure à lunette à contrepoids montée. A, la poupée. B, la lunette. C C, les couffinets. D, la platine des couffinets. E, la bride. F, la poulie de renvoi. G, le contrepié. H H, les brides des jumelles.

25. La même poupée démontée. A, la poupée. B, la queue. C C, les brides des jumelles.

26 & 27. Ecrous à oreilles des vis de la lunette.

28. Platine de la lunette.

29. Lunette. A, le point d'appui. B, la tige. C C, les jumelles. D D, les vis. E, l'anneau.

30. Bride de la lunette.

31 & 32. Boutons de la bride. A A, les têtes. B B, les vis à écrous.

33. Bouton fervant de pivot à la lunette. A, la tête. B, la vis à écrou.

34 & 35. Brides des jumelles des poupées. A A, les brides. B B, &c. les pattes. C C, &c. les vis à écrous à oreilles. D D, les platines.

36. Rencontre à roulette. A, la roulette. B, la tige.

37. Rencontre à bifeau. A A, les bifeaux.

38 & 39. Couffinets. A A, &c. les rainures.

40 & 41. Vis de la poulie de renvoi. A A, les têtes. B B, les vis.

42. Poulie de renvoi. A, la poulie. B, la chappe.

## PLANCHE XIX.

*Poupées à guillochis rampans.*

*Fig.* 1. Poupée antérieure pour les guillochis rampans, appellée *à chaffis*. A, la poupée. B B, &c. les touches. C, le porte-lunette. D, la lunette à couliffe. E, la bride. F, l'équerre. G, le contrepoids de derrière. H, le fupport de l'équerre. I, la poulie de renvoi. K, le contrepoids de côté. L, l'écrou de la rencontre.

2. La même poupée démontée. A, la poupée. B B, les touches. C, l'échancrure pour ferrer la rencontre. D, la queue.

3. L'une des touches. A, le point d'appui.

4. Coin pour faire lever les touches.

5. Bouton de la lunette. A, la tête. B, la tige.

6. Porte-lunette à couliffe. A, le point d'appui. B, la tige. C, la couliffe.

7. Equerre. A, le point d'appui. B B, les branches.

8. Bride de la lunette.

9 & 10. Boutons du fupport de l'équerre. A A, les têtes. B B, les vis à écrous.

11 & 12. Couffinets. A A, &c. les rainures.

13. Lunette à couliffe. A, le chaffis. B, la branche d'attirage. C C, les jumelles. D D, les couffinets. E, la platine fupérieure. F F, les vis à écrous. G, les platines à vis fervant de couliffe.

14. Support de l'équerre. A, la moufle. B, la patte.

15. Grand bouton fervant de pivot commun aux lunettes des deux poupées antérieure & poftérieure. A, la tête. B, la tige. C, la vis à écrou à oreille.

16. Rencontre à roulette, coudée. A, la roulette. B, la chappe. C, le coude. D, la vis à écrou.

17. Poulie de renvoi. A, la poulie. B, l'échappe. C, la patte.

18. Platine de la rencontre. A A, les pattes.

19 & 20. Autres rencontres.

*N°. 7.*

*Fig.* 21. Poupée poftérieure à chaffis. A, la poupée. B, la lunette. C, le boulon. D, le boulon de couliffe.

22. Autre poupée poftérieure. A, la poupée. B, la lunette à canon. C, le boulon. D, le boulon de couliffe.

23. La même poupée démontée. A, le corps de la poupée. B, la queue. C C, les jumelles. D, la mortaife de couliffe. E, le trou de boulon du pivot.

24. Lunette à couffinets. A, le point d'appui. B B, les jumelles. C C, les couffinets. D, le chapiteau à vis.

25 & 26. Couffinets de la lunette. A A, &c. les rainures.

27. Canon à reffort monté. A, le canon. B, la vis.

28. Canon démonté.

29. Reffort de fil de fer ou laiton pour être contenu dans le canon.

30. Extrémité d'un arbre entrant dans le canon. A, le bout entrant dans l'intérieur du reffort.

31. Vis pour déterminer la courfe de l'arbre. A, la tige. B, la vis. C, la tête.

32. Lunette à canon. A, le pivot. B, la tige. C, le canon de la lunette. D, la vis pour fixer le canon intérieur.

33. Entre-toife fervant de pivot aux lunettes des poupées. A, l'anneau. B B, les vis à écrous.

34. Rencontre à boëte. A, la boëte. B, la vis.

35 & 36. Entre-toifes des jumelles des poupées. A A, les têtes. B B, les tiges quarrées. C C, les vis à écrous.

## PLANCHE XX.

*Poupées à guillochis rampans.*

*Fig.* 1. Poupée antérieure à couliffe à reffort. A, la poupée. B, la couliffe. C, la boëte quarrée. D D, les platines. E, la vis d'arrêt. F, le reffort. G, le crampon du reffort.

2. La même poupée dégarnie. A, le corps. B, la mortaife. C, la queue.

3. Reffort.

4. Boëte quarrée.

5. Couliffe quarrée.

6. Platine.

7. Poupée poftérieure. A, la poupée. B, la lunette. C, le té. D D, les couffinets à feuillure. E E, boutons des couffinets. F F, conduits des rencontres.

8. La même poupée dégarnie. A, la poupée. B, l'échancrure du haut. C C, les entailles de la lunette. D, le trou du té. E, la queue.

9 & 10. Couffinets à feuillure. A A, &c. les feuillures.

11 & 12. Conduits des rencontres. A A, les tiges. B B, les vis à écrous.

13. Le té de la lunette. A, le té. B, la tige. C, la vis à écrous.

14. Lunette. A A, les deux jumelles à feuillure. B B, les branches de la fourche.

15. Rencontre à té. A, le té. B, la boëte. C, la vis.

16. Poupée poftérieure à lunette. A, la poupée. B B, les touches. C C, les coins des touches. D, la platine.

17. La même poupée dégarnie. A, le corps. B, la queue. C C, les jumelles. D D, les entailles des touches.

18. Platine.

19, 20, 21 & 22. Boutons de la platine. A A, &c. les têtes. B B, &c. les vis à écrous.

23. Touches pour les guillochis. A A, les pivots.

24. Touches pour les figures rondes. A A, les pivots.

25 & 26. Coins des touches.

27. Poupée poftérieure. A, la poupée. B B, les couffinets. C C, les couliffeaux. D D, les gaches à vis. E, la lumiere des rencontres. F F, vis pour arrêter les rencontres.

28. La même poupée dégarnie. A, le corps. B, la queue. C C, les jumelles. D D, les entailles des touches. E E, les lumieres des rencontres.

29 & 30. Couliffeaux.

31 & 32. Couffinets à couliffe.

33 & 34. Gaches à vis. A A, &c. les pattes.

B

## PLANCHE XXI.

*Poupées pour les guillochis rampans.*

*Fig.* 1. Poupée antérieure à couliſſe à reſſort. A, la poupée. B, le bout de l'arbre. C C, les couſſinets. D D, les touches. E, le reſſort. F, le crampon à patte. G, la cale pour arrêter le reſſort lorſque l'on ne fait point de rampe.

2. La même poupée dégarnie. A, le corps. B, la jumelle. C, la demi-jumelle. D D, les lunettes. E, la queue.

3. Crampon à patte. A A, les pattes.

4. Canon qui ſe place dans la lunette de la jumelle.

5. Extrêmité d'un arbre entrant dans le canon précédent.

6. Cale pour arrêter l'effet du reſſort.

7. Reſſort. A, la patte.

8. Poupée antérieure à reſſort pour les rampes. A, la poupée. B, le reſſort. C, la rencontre. D, la vis. E, le couliſſeau à queue.

9. La même poupée. A, le corps. B, la queue. C, l'entaille du reſſort. D, la rainure à queue du couliſſeau.

10. Couliſſeau. A, le couliſſeau. B, la vis.

11. Rencontre à pointe.

12. Reſſort. A, la fourche. B, la patte.

13. Poupée antérieure à reſſort à lunette pour les rampes. A, la poupée. B, la lunette à reſſort. C, la bride. D D, les vis de la bride. E, la boëte à couliſſe. F, la rencontre. H, le piton du té. I, la vis à ſerrer le piton.

14. La même poupée dégarnie. A, la mortaiſe du piton. B, la mortaiſe du té. C, la queue.

15. Lunette à reſſort. A A, les jumelles. B B, les couſſinets. C, le chapiteau. D, la vis du chapiteau. E, le reſſort. F, la patte.

16. Bride de la lunette.

17. Piton du té. A, le piton. B, la tige. C, la vis.

18 & 19. Boulon à vis de la bride. A A, les têtes. B B, les vis à écrous.

20. Té à couliſſe de la rencontre. A, le té. B, la tige.

21. Boëte à couliſſe. A A, la boëte. B, la vis. C C, les couliſſes.

22. Antérieure à lunette & à reſſort pour les guillochis en ovales. A, la poupée. B, la lunette. C C, les vis pour arrêter la lunette. D, la vis à écrou de la rencontre. E, le reſſort.

23. La même poupée dégarnie. A, le corps. B, la queue. C, la jumelle échancrée. D, la jumelle pleine.

24. Poupée poſtérieure dégarnie. A, le corps de la poupée. B, la queue.

25. Lunette. A A, les entailles des vis. B, la couliſſe de l'arbre. C, la platine. D D, les vis à écrous. E, la vis à tête.

26. Reſſort. A, la patte. B, la branche.

27. Platine de la lunette. A A, les vis à écrous à oreille. B, la vis à tête.

## PLANCHE XXII.

*Arbres & dépendances.*

*Fig.* 1. Arbre à guillochis monté. A A, l'arbre. B, les roſettes. C, le canon. D, la poulie. E, l'écrou.

2. Canon. A, le corps. B B, les embâſes.

3. Ecrou.

4. Roſette à huit pans.

5. Roſette à demi-rond plein.

6. Arbre dégarni. A, le goujon à vis. B B, les embâſes. C C, les noix. D D, le corps de l'arbre. E, le quarré. F, la vis pour l'écrou. G G, les vis de différente groſſeur. H, la pointe

7, 8, 9, 10 & 11. Roſettes de différentes formes pour les guillochis.

12. Arbre à roſette & couronne garnie. A A, l'arbre. B B, les roſettes. C C C, les couronnes D D, les poulies. E E E, les clavettes.

13, 14 & 15. Couronnes de différentes formes & grandeurs pour les guillochis.

16. Arbre dégarni. A, le goujon à vis. B B, les embâ-

ſes. C C, les noix. D D, le corps de l'arbre. E, le quarré. F F F, les trous des clavettes. G G, les vis de différente groſſeur.

*Fig.* 17. Arbre de bois garni à roſette, & rampe pour les guillochis rampans. A A A, les poulies. B B, l'arbre. C C, les embâſes. D D, les roſettes. E E, l'embâſe à goujon. F, la cheville. G, la rampe. H, le goujon. I, la cheville.

18. L'embâſe à goujon. A, le goujon à vis. B, l'embâſe. C, le goujon. D, la cheville.

19. Oval de rampe.

20, 21 & 22. Roſettes de différentes formes.

23. Goujon. A, le goujon. B, la noix. C, la cheville.

## PLANCHE XXIII.

*Arbres & dépendances.*

*Fig.* 1. Arbre à roſette, & rampe garnie. A A, l'arbre. B B, les roſettes. C, la rampe. D D, les boëtes. E, les poulies. F, l'écrou.

2. Rampe.

3 & 4. Boëtes. A A A, les embâſes.

5. Ecrou.

6. Arbre dégarni. A, le goujon à vis. B B, les embâſes. C, le quarré. D, la vis à écrou. E E, le corps de l'arbre. F, la noix. G G, les vis de différente groſſeur. H, la pointe.

7. Boëte quarrée pour former les rampes. A A, différens conduits pour ſcier les rampes.

8. La même boëte garnie d'une rampe prête à ſcier. A A, les conduits. B, la rampe.

9. Rampe préparée.

10. Rampe ſciée.

11. Arbre à couronne garnie. A A, l'arbre. B B, &c. les couronnes. C C, &c. les entre-couronnes. D D, les boëtes. E, la poulie. F, l'écrou.

12 & 13. Entre-couronnes.

14 & 15. Boëtes. A A, les embâſes.

16. Ecrou.

17. Arbre dégarni. A, le goujon à vis. B B, les embâſes. C, le quarré. D, la vis à écrou. E E, le corps de l'arbre. F, la noix. G G, les vis de différentes groſſeurs. H, la pointe.

18, 19, 20 & 21. Couronnes de différentes formes.

## PLANCHE XXIV.

*Arbres & dépendances.*

*Fig.* 1. Arbre à roſettes de pluſieurs formes. A A, l'arbre. B B, &c. les roſettes. C C, les boëtes. D, l'écrou. E, la poulie.

*Détail des pieces de la figure précédente.*

2 & 3. Boëte de l'arbre. A A A, les embâſes.

4. Ecrou à huit pans.

5. Arbre de fer. A, le goujon à vis. B B, les embâſes. C, la tige. D, le quarré. E, la vis à écrou. F, la poulie à noix. G G, vis de différentes groſſeurs. H, la pointe.

6, 7, 8 & 9. Roſettes de différentes formes & grandeurs.

10, 11, 12 & 13. Boëtes de ſéparation.

14. Poulie.

15, 16, 17, 18, 19 & 20. Différens développemens de roſette.

## PLANCHE XXV.

*Arbres & dépendances.*

*Fig.* 1. Arbre à roſette ovale. A A, l'arbre. B B, les canons. C C, les ovales. D, la boëte. E, la virole pour l'arrêter. F, la poulie.

*Détail des pieces de la figure précédente.*

2 & 3. Ovales ſervant de roſettes.

4. Poulie.

*Fig.* 5 & 6. Coins pour arrêter la poulie dans la boëte de l'arbre.

7. Boëte de l'arbre. A A, les noix. B, le quarré. C, l'embâfe.

8. Petit canon. A, l'embâfe.

9. Ecrou de l'arbre.

10. Virole pour arrêter la poulie dans la boëte de l'arbre.

11. Clé pour ferrer les écrous.

12. Petit canon à pointe. A A, les embâfes, dont l'une eft garnie de pointes.

13. Ecrous de l'arbre.

14. Arbre dégarni. A, la tige quarrée. B B, les goujons à vis à écrous.

15, 16, 17 & 18. Rofettes circulaires gaudronnées.

19, 20, 21 & 22. Rofettes ovales gaudronnées.

## PLANCHE XXVI.

### *Arbres pour les tours ovales.*

*Fig.* 1. Arbre monté. A, la verge. B, fon écrou. C, l'écrou du petit canon. D, l'écrou du grand canon. E, le grand canon. F, la platine poftérieure. G, la platine à coulifse.

#### *Détail des pièces de la figure précédente.*

2. Ecrou du grand canon.

3. Ecrou du petit canon.

4. Ecrou de la verge.

5. Grand canon. A, la tige. B, la vis. C, l'embâfe. D, la patte.

6. Petit canon. A, la tige. B, la vis. C, la tête à queue d'aronde.

7. Verge de fer. A, la tige. B, la patte à coulifse. C, la vis.

8. Extérieur de la platine poftérieure.

9. Coupe des deux platines réunies.

10. Extérieur de la platine à coulifse.

11. Plan des deux platines réunies. A, la platine poftérieure. B, la platine à coulifse. C C, les trous pour arrêter la patte du grand canon. D D, les coulifses.

12. Extérieur.

13. Plan.

14. Elévation latérale.

15. Intérieur de la platine à coulifse. A A, les bifeaux. B B, les platines formant rainure pour la patte de la verge.

16 & 17. Platines à rainures pour l'intérieur de la platine à coulifse.

18 & 19. Boutons pour arrêter les dernieres platines.

## PLANCHE XXVII.

### *Arbres pour les tours ovales.*

*Fig.* 1. Intérieur de la platine poftérieure. A A, les petites platines.

2 & 3. Platines.

4 & 5. Coulifses.

6 & 7. Boulons de coulifses.

8. Intérieur de la platine à coulifse garnie. A, la verge. B, la coulifse en fer à cheval. C C, les petites platines. D D, la platine à coulifse.

9. Verge montée. A, la verge. B, la coulifse. C, la noix.

10. Verge. A, la tige. B, la patte à coulifse.

11. Coulifse en fer à cheval.

12. Noix.

13. Autre arbre à ovale monté. A, la verge. B, le petit canon. C, le grand canon. D, l'écrou. E E, les rofettes. F F, les boëtes. G, la poulie. H, la platine poftérieure. I, la platine à coulifse.

#### *Détail des pièces de la figure précédente.*

14. Grand canon. A, la vis. B, la tige. C C, les claviots. D, la patte.

15. Petit canon. A, la tige. B, la vis. C, la tête à queue d'aronde.

16. Verge. A, la tige. B, la patte à coulifse. C, la vis.

*Fig.* 17. Ecrou à oreille de la verge.

18. Ecrou à oreille du petit canon.

19 & 20. Boëtes.

21. Ecrou du grand canon.

## PLANCHE XXVIII.

### *Arbres pour les tours ovales.*

*Fig.* 1. Extérieur de la platine à coulifse.

2. Coupes des deux platines réunies.

3. Extérieur de la platine poftérieure.

4. Plan de la même platine. A, la platine poftérieure. B, la platine à coulifse. C C, les coulifses.

5. Extérieur.

6. Plan.

7. Coupe de la platine à coulifse. A A, les bifeaux.

8, 9, 10 & 11. Vis pour arrêter les coulifses.

12 & 13. Contrepieces des coulifses fervant d'écrous.

14 & 15. Coulifses.

16. Poulie.

17 & 18. Platines à rainures.

19. Noix à coulifse.

20. Verge montée. A, la tige. B, la patte. C, la boëte. D, la coulifse en fer à cheval. E, le noyau.

21. Extrêmité de la verge. A, la tige. B, la patte à coulifse.

22 & 23. Rofette à pans.

24. Coulifse en fer à cheval.

25. Noyau. A, la rainure. B, le goujon.

26. Sabot à écrou. A, la vis. B, l'écrou fervant à arrêter l'ouvrage pour le travailler.

17. Sabot à vis. A A, les vis.

## PLANCHE XXIX.

### *Machines à ovale.*

*Fig.* 1. Machine à ovale montée. A A, les poupées. B, la lunette poftérieure. C, la lunette antérieure. D, l'arbre garni de fes rofettes, poulies & platines. E E, les touches. F F, les contrepoids.

#### *Détails.*

2. Poupées montées. A A, les poupées. B, l'entre-toife des poupées. C C, les barres.

3. Lunette poftérieure démontée. A A, les jumelles. B, le point d'appui.

4. Faux coufsinet de la lunette poftérieure.

5 & 6. Coufsinets. A A, les languettes.

7. Platine de cuivre pour garnir la lunette poftérieure.

8. Lunette antérieure. A A, les jumelles. B, le point d'appui.

9. Faux coufsinet de la lunette antérieure. A A, les languettes.

10 & 11. Coufsinets de la même lunette. A A, &c. les languettes.

12. Grand boulon à vis pour retenir les lunettes.

13. Touche. A, la touche. B, la vis pour l'arrêter.

14. Ecrou de la touche.

15. Machine à ovale figurée, montée fur quatre piliers. A, l'arbre garni de poulie, rofette & platine. B B, les lunettes. C, l'entre-toife des lunettes. E E, &c. les piles. F F, les queues garnies de clé. I I, les jumelles d'établi.

## PLANCHE XXX.

### *Machine à ovale figurée. Détails.*

*Fig.* 1. Elévation.

2. Coupe du chafsis de la machine précédente. A A, les piliers. B B, les traverfes. C C, les lunettes. D, l'entre-toife des lunettes. E E, les porte-lunettes. F F, les queues. G G, les clés. H H, les jumelles de l'établi. I, le pivot des lunettes.

3. Coupe latérale.

4. Coupe tranfverfale d'une partie du chafsis. A A, les lunettes. B, l'entre-toife des lunettes. C, le boulon. D D, les porte-lunettes. E E, les traverfes.

5. Machine à ovale à une feule poupée. A, la platine

poftérieure à poulie. B, le canon. C, la platine à couliffe. E, la poupée.

### Détails.

*Fig.*6. Poupée. A, le trou à huit pans de la tête. B, la queue.
7. Coupe de la machine. A, la platine à couliffe. B, la platine poftérieure à poulie. C, le canon.
9. Canon à pan. A, la tête à queue d'aronde. B, la vis.
9. Ecrou du canon.
10. Verge. A, la tête. B, la vis.
11. Verge montée garnie de fa couliffe dans une de fes fituations. A, la verge. B, la couliffe. C, la noix.
12. La même verge auffi garnie de fa couliffe dans la fituation oppofée.
13. Couliffe en fer à cheval. A, le noyau.

## PLANCHE XXXI.

### Machines à ovales.

*Fig.* 1. Machine à ovale par le moyen d'un anneau. A, la poupée poftérieure. B, la poupée antérieure. CC, l'arbre. DD, les fupports à touches. E, la lunette. F, le contrepoids. GG, les jumelles de l'établi.

### Détails.

2. Arbre de la machine précédente. A, l'arbre de fer. B, la poulie. C, l'écrou. DD, les boëtes pour maintenir l'anneau. E, l'anneau. F, autre anneau tournant. G, le tourillon de l'arbre.
3. Extrêmité du même arbre en perfpective. A, la tige de l'arbre. B, l'anneau tournant. C, la platine. DD, les vis pour la maintenir. E, le tourillon de l'arbre. F, le goujon à vis.
4. Anneau. AA, les pattes.
5. Platine de l'anneau. AA, les queues.
6. Anneau fimple.
7. Boëtes coupées obliquement.
8. Ecrou de l'arbre.
9. Touche à té à roulette. A, la roulette. B, le té. C, la queue à vis à écrou.
10. Touche à té fimple. A, le té. B, la queue à vis à écrou.
11. Touche à platine. A, la platine. B, la queue à vis à écrou.
12. La même platine vue géométralement. A, la platine. B, la vis à écrou.
13. Machine à ovale du Potier d'étain. A, l'arbre garni de rofettes, poulies & boëtes. B, la pointe à vis. CC, le chaffis à lunette. DD, les fupports du chaffis. E, la touche. F, le fupport à patte. G, le té. HH, les jumelles de l'établi.

### Détails.

14. Ecrou à oreille de la pointe à vis.
15. Pointe à vis. A, la tête. B, la pointe.
16. Chaffis à lunette. A, le montant de la pointe à vis. B, le montant à lunette. C, la traverfe.

## PLANCHE XXXII.

### Machines à ovales.

*Fig.* 1. Elévation perfpective.
2. Coupe d'une machine à ovale par le moyen d'un anneau. A, l'arbre garni de boëte, poulie & anneau. B, le chaffis ou l'arbre. C, la pointe à vis. D, la pointe à écrou. EE, les poupées. F, le fupport fervant de touche. G, le contrepoids. H, la poulie. II, les jumelles de l'établi.

### Détails.

3. Pointe à vis. A, la tête. B, la pointe. C, la vis à écrou à oreille pour la fixer.
4. Chaffis fervant de fupport à l'arbre. A, la lunette de la pointe à vis. B, la lunette des couffinets.
5. Coupe géométrale de l'anneau monté fur l'arbre. A,

l'arbre. BB, l'anneau. C, l'arbre de l'anneau. D, le coin. EE, les quarts de cercles pour maintenir l'anneau.
*Fig.* 6. Arbre. A, le tourillon.
7. Le même arbre garni de fon anneau en perfpective. A, l'arbre. B, l'anneau. C, l'arbre de l'anneau. D, le coin. EE, les quarts de cercles. FF, les vis pour l'arrêter.
8. Arbre de l'anneau. A, la rainure du coin.
9. Coin de l'arbre de l'anneau.
10. Anneau garni. A, l'anneau. B, fon arbre. CC, les quarts de cercles.
11 & 12. Coupe & élévation géométrale du même anneau. A, l'anneau. BB, le cercle intérieur. C, l'arbre.
13. Machine à guillochis montée entre quatre lunettes parallèles. AA, l'arbre garni de poulie, couronne, rofettes & boëtes. B, le fupport à touche. C, le reffort. DD, les lunettes extérieures. EE, les lunettes intérieures. F, le boulon. GG, les jumelles de l'établi.
14. Reffort. A, la tête. B, la queue.
15. Lunette intérieure. A, les couffinets placés en longueur.
16. Lunette extérieure. A, les couffinets placés en largeur. B, la tige. C, la queue.
17. Boulon des lunettes.

## PLANCHE XXXIII.

### Tours à chaffis.

*Fig.* 1. Elévation perfpective.
2. Coupe géométrale d'un tour à chaffis garni de rofettes. AA, l'arbre garni de poulies, rofettes & boëtes. BB, les montants à couffinets du chaffis. C, la traverfe d'en-haut. D, la traverfe d'en-bas. EE, les poupées. FF, les poulies à vis de pivot. GG, les pointes à vis d'arrêt. H, le fupport de la touche à couronne. I, le fupport de la touche à rofette. K, le contrepoids. LL, les jumelles de l'établi. M, le reffort.

### Détails.

3 & 4. Montants du chaffis. AA, les lunettes des couffinets. BB, les yeux du pivot. CC, les trous de la traverfe d'en-bas. DD, les tenons de la traverfe d'en-haut.
5. Couffinets.
6. Rouleau du contrepoids. A, le rouleau. BB, les platines.
7. Traverfe du haut du chaffis. AA, les mortaifes.
8. Traverfe du bas du chaffis. AA, les tenons.
9. Support à fourche de la touche à couronne.
10. Reffort de l'arbre. A, l'œil.
11. Support de la touche à rofette. A, la tête. B, la patte à fourche.
12. Machine à ovale, dite boëte tabarine ou taburine, à caufe de fa reffemblance à un tambour. A, la poupée. B, la queue. C, la boëte.

### Détails.

13. Coupe du tambour. A, l'arbre. B, l'écrou. C, la platine poftérieure. D, la platine antérieure. E, la platine intérieure. F, le noyau.
14 & 15. Elévation en coupe de la platine poftérieure. A, la mortaife.
16 & 17. Elévation en coupe de la platine intérieure. A, la mortaife.
18 & 19. Elévation en coupe de la platine antérieure. A, la vis. B, le goujon à vis.
20. Ecrou de l'arbre.
21. Arbre. AA, les languettes. B, la tête à rainure à queue d'aronde. C, la vis.
22. Tête du même arbre vu de face. A, la rainure. B, le noyau.
23 & 24. Elévation latérale & en face du noyau. A, la tête à écrou. B, la patte à queue d'aronde.
25. Vis du noyau.

**PLANCHE**

## PLANCHE XXXIV.

### Autre boëte tabarine.

*Fig.* I. A, la poupée. B, la boëte.

### Détail.

2. Poupée dégarnie. A, la tête. B, la mortaise. C, la queue.
3. Coupe de la boëte. A, l'arbre. B, la platine postérieure. C, la boëte. D, le noyau.
4 & 5. Elévation en coupe de la platine postérieure. A, la mortaise.
6 & 7. Elévation en coupe de la boëte. A, la rainure du noyau.
8. Noyau. A A, les feuillures. B, le goujon.
9. Tête de l'arbre percée de plusieurs trous pour le goujon du noyau.
10. Arbre. A, la tige plate. B, la tête. C, la vis.
11. Ecrou à oreille de l'arbre.
12. Autre machine à ovale simple. A, la poupée. B, la boëte.
13. Poupée. A, la tête. B, l'œil à huit pans. C, la queue.
14 & 15. Coupe & élévation extérieure de la machine ovale. A, l'arbre. B, l'écrou. C, la poulie. D, la platine postérieure. E, la platine à coulisse. F F, les coulisseaux à patte.
16 & 17. Coupe & élévation de la poulie. A, trou du milieu percé en entonnoir.
18. Ecrou de l'arbre.
19, 20, 21 & 22. Elévation intérieure, coupe, élévation extérieure, & plan de la platine à coulisse. A A, les coulisses des petites platines. B B, les biseaux. C, l'écrou servant de sabot.
23 & 24. Petites platines pour l'intérieur de celle à coulisse.
25, 26, 27 & 28. Vis des coulisseaux.
29 & 30. Coulisseaux. A A, &c. les pattes.
31. Face de la tête de l'arbre. A, la rainure. B B, les trous pour placer le noyau à volonté.
32. Arbre. A, la tige à pans. B, la tête à rainure à queue d'aronde. C, la vis.
33, 34 & 35. Plan, coupe & élévation perspective du noyau. A, la tête. B, la patte à queue d'aronde.
36. Vis du noyau.

## PLANCHE XXXV.

### Roues.

*Fig.* I. Roue placée au-dessous d'un établi de tour. A, la roue. B, l'arbre. C, la manivelle. D, le support. E, la jumelle à coulisse. F, la clé. G G, les jumelles de l'établi. H, le pié.
2. Support de la roue. A A, les jumelles. B, la patte. C, le sommier.
3. Jumelle à coulisse. A, la mortaise continue. B, la mortaise de la clé. C, la tête.
4. Arbre de la roue. A A, les embâses. B B, les tourillons. C, le quarré.
5. Manivelle. A, la clé. B, le bouton.
6. Coin de la jumelle à coulisse.
7. Coin de la patte du support.
8. Pédale à tourner au pié.
9. Roue montée séparément. A, la roue. B, la manivelle. C, le support. D, le coussinet. E, le coin du coussinet.
10. Roue démontée.
11. Support de la roue. A A, les jumelles. B B, les coins pour élever les coussinets. C C, les écharpes. D D, les sommiers. E E, les piés.
12. Coussinet. A A, les jumelles. B B, les platines.
13. Roue élevée au-dessus de l'établi. A, la roue. B, la manivelle. C, l'anneau. D D, le support de la roue. E E, le support de la potence. F, la vis pour élever le support, & par-là bander la corde de la roue.
14. Anneau de la manivelle.
15. Pédale à deux branches.
16. Support de la roue. A A, les jumelles. B B, &c. les N°. 7.

écharpes. C C, les sommiers. D, la traverse. E, l'essieu.
*Fig.* 17. Alonge de la pédale. A, la patte.
18. Boulon pour arrêter l'alonge de la pédale.
19. Vis pour élever le support de la roue. A, la tête. B, la vis.

## PLANCHE XXXVI.

### Tour à guillocher à roue.

*Fig.* I & 2. Elévation perspective & coupe d'un tour à roue à guillocher. A, support à lunette postérieure. B, support à lunette antérieure. C, lunette antérieure. D D, barre à té des lunettes. E, la branche de la barre. F, poulie. G, petite roue. H, volant. I, vis pour serrer la corde. K, boëte à coussinets. L L, &c. piliers. M M, barres de touche. N, touche à vis. O, ressort pour faire mouvoir les lunettes. P, tringle de tirage. Q, vis des supports de lunettes. R, vis des piliers. S, support montant de la roue. T T, établi. V, pointe à vis. X, ressort de l'arbre. Y Y, &c. rosettes. Z Z, &c. boëtes.

## PLANCHE XXXVII.

### Tour à guillocher & supports composés.

*Fig.* I. Elévation géométrale du tour précédent. A A, l'arbre. B, le goujon à vis. C C, les lunettes. D, les poulies. E E, les rosettes. F F, &c. les boëtes. G, l'écrou de l'arbre. H H, la barre à té. I, la queue de la barre à té. K K, épaisseur de l'établi. L, le ressort.

### Détail.

2. Vis à écrou de la poupée suivante.
3. Poupée du tour. A, la tête. B, la patte. C, la pointe à vis. D, la queue. E, la vis. F, l'écrou.
4. Pointe à vis. A, la tête. B, la pointe.
5, 6 & 7. Face latérale, coupe & élévation perspective d'un support composé. A A, les jumelles. B B, les pattes à fourche. C, la vis longitudinale. D, le support mobile. E, la vis pour l'arrêter. F, l'écrou. G G, les coulisseaux mobiles. H H, les vis des coulisseaux. I, la coulisse. K, l'outil. L L, les vis pour l'arrêter. M, la vis pour pousser l'outil. N, la manivelle de la vis. O O, les vis pour arrêter la coulisse sur la largeur. P, le pivot. Q Q, les vis pour fixer le pivot. R R, les vis à écrou pour arrêter le support à patte à fourche dans sa coulisse. S S, la plate-forme. T T T, mortaises pour arrêter le tour sur l'établi par le moyen des tés.

## PLANCHE XXXVIII.

### Supports composés.

*Fig.* I. Support à pivot. A, la vis longitudinale. B, la manivelle de la vis. C, la coulisse. D, la platine à coulisse servant à tenir l'outil. E, la vis pour le pousser. F, l'écrou de la vis. G, le support à patte. H H, les vis pour les retenir. I, le pivot. K, la vis du pivot. L, le plateau. M, la coulisse du té.
2. Vis transversale. A, la vis. B, la tête quarrée.
3 & 4. Outils. A A, les taillans.
5. Vis des pattes du support. A, la tête. B, la vis.
6. Clé de la vis.
7. Support à patte. A A, les rainures intérieures. B B, les pattes.
8. Vis du pivot. A, la tête à pan. B, la vis.
9. Support à pivot. A A, les coulisses des pattes. B, le plateau.
10. Platine de l'outil. A A, les biseaux. B B, les crampons. C C, les vis.
11. Support à coulisse. A, la coulisse. B, la vis. C, l'écrou. D, le trou de la vis longitudinale. E E, les languettes.
12. Plateau. A, le trou du pivot.

C

## PLANCHE XXXIX.

### Supports simples.

*Fig.* 1. Support à queue. A A , les rainures du support. B , la queue.
2. Support à fourche. A , le support. B , la vis du pivot. C , la fourche. D , le té. E , le sabot.
3. Fourche. A , le trou du pivot. B B , les branches.
4. Support. A , le trou du pivot.
5. Té. A , la tête du té. B , la vis à écrou.
6. Vis de pivot. A , la tête à chapeau. B , la vis à écrou.
7. Sabot. A , le trou de la vis. B , la mortaise de la clé.
8. Autre support à fourche. A , le support. B , le boulon à pivot. C , la fourche.
9. Fourche. A , le trou du pivot. B B , les branches.
10. Support. A , le trou de pivot.
11. Boulon de pivot. A , la tête. B , la vis à écrou.
12. Té. A , la tête. B , la virole. C , la vis. D , l'écrou à oreille.
13. Autre support à lumiere. A , le support. B , la lumiere. C , la plate-bande. D , la fourche.
14. Fourche. A , le trou de pivot. B B , les branches.
15. Support. A , le trou du pivot. B B , les trous pour l'arrêter.
16. Boulon à pivot. A , la tête. B , la vis à écrou.
17. Support. A , la lumiere. B , la plate-bande.
18. Support de fer. A , le support. B , la patte.
19. Support de fer en fourche. A , le support à patte. B , le boulon à vis de pivot. C , la fourche.
20. Boulon à vis du support. A , la tête. B , la vis à écrou.
21. Clé. A , la clé à vis. B , la clé à écrou.

## PLANCHE XL.

### Tour à guillocher à roue.

Elévation perspective d'un tour à guillocher à roue. A , l'arbre. B B , les rosettes. C C , les boëtes. D , la poulie. E , le cric. F , le cliquet. G , la corde de la poulie. H , la roue. I , l'arbre. K , le volant. L , le boulon servant de manivelle. M , l'anneau. N , la corde de la pédale. O , le coussinet. P , la coulisse du coussinet. Q , la vis du coussinet. R , le support montant de la roue. S S , les lunettes à coulisses. T T , &c. les crampons de coulisse. V V , les supports des lunettes. U U , les traverses du bas. X , la coulisse de touche servant de traverse. Y , la touche. Z , la vis de la touche. A , le chassis à té à pivot de l'arbre. B , le ressort. C , la pointe à pivot. D , la branche à té. E , la barre de la branché à té.

## PLANCHE XLI.

### Détail du tour à guillocher à roue.

*Fig.* 1. Boëte de l'arbre.
2. Canon de l'arbre. A , la vis. B , la virole. C , la languette.
3. Arbre. A , la tige. B , l'embâse. C C , les tourillons. D , la vis. E , la place du cric. F F , les goujons à vis.
4. Cric. A , les dents. B , l'embâse.
5. Elévation en face géométrale du tour à guillocher. A A , l'arbre. B , l'écrou. C , la poulie. D D , les rosettes. E E , les boëtes. F F , les lunettes à coulisse. G G , les crampons à patte des lunettes. H H , les vis pour serrer l'arbre. I I , les montans des supports des lunettes. K , la traverse du bas des supports des lunettes. L , la coulisse de touche servant de traverse du haut. M M , les pieces à pivot. N N , partie du chassis à té. O , le ressort de l'arbre. P , branche du té. Q , le ressort de la branche à té. R , le support du ressort à té. S S , les vis à écrou des supports de lunettes.

## PLANCHE XLII.

### Détails du même tour à guillocher.

*Fig.* 1. Support à coulisse. A A , les jumelles de la cou-
lisse. B B , les pattes coudées. C , le support à pivot. D D , les écrous pour arrêter la coulisse. E E , le pivot. F , le plateau. G , la rainure du té.
*Fig.* 2. Coulisse du support pour montrer la façon de tenir l'outil. A , la coulisse. B , l'outil. C , le levier à crochet.
3. Touche. A , le chapiteau. B , la vis.
4. Ecrou à tête ronde de la touche.
5. Face latérale du tour à guillocher. A , la poulie. B , la lunette à coulisse. C , la vis. D , la plate-bande à charniere. E , le coussinet supérieur. F , l'arbre. G G , les crampons à patte de la lunette. H H , l'étrier coudé servant de support à la lunette. I , la traverse latérale. K K , quarrés pour arrêter la lunette. L , l'étrier à té à pivot. M , la pointe à vis du pivot. N , la branche à té. O , l'écrou. P , la moufle de la branche à té. Q , la barre de la branche à té. R , support de la barre. S S , coupe de l'établi.
6 & 7. Elévation latérale & en face d'une touche à deux roulettes. A , la touche. B , la queue. C C , les roulettes.
8. Touche à une seule roulette. A , la moufle. B , la queue. C , la roulette.
9. Té du support, *fig.* 1. A , la tête. B , la vis. C , la virole. D , l'écrou.
10. Levier à crochet. A , la tige. B , le crochet.

## PLANCHE XLIII.

### Tour à guillochis avec outils mobiles.

Elévation perspective d'un tour à roue à guillochis, droit & rampant à volonté , garni de supports , avec outils montés sur coulisses à ressorts.

## PLANCHE XLIV.

### Tour à guillochis avec outils mobiles.

Elévation géométrale du même tour à roue à guillochis.

## PLANCHE XLV.

### Détail du même tour à guillochis.

*Fig.* 1 & 2. Elévation latérale & plan du support à lunette.
3 & 4. Elévation latérale & plan du support à outil mobile.

### Détail des pieces.

A , l'arbre. B , la grande poulie. C C , les rosettes. D D , les boëtes. E , la boëte graduée pour changer les rosettes de place. F , l'anneau rampant. G , le support postérieur. H , les coussinets. I , la plate-bande des coussinets. K K , les vis à écrou pour arrêter la plate-bande. L , la vis pour serrer les coussinets. M , le support antérieur. N , la lunette à coulisse. O , les coussinets. P , vis pour serrer les coussinets. Q , la coulisse à queue d'aronde. R R , les goujons. S S , les vis des goujons. T , le support à touche. U U , les touches. V , le té du support à touche. X X , les supports des outils mobiles. Y Y , les coulisses. Z Z , les platines des outils. *a a* , les cramponets. *b b* , les vis des cramponets. *c c* , les outils. *d d* , les bascules. *e e* , les ressorts. *ff* , les cordes de la poulie de l'arbre. *g* , la poulie du rouage pour le mouvement des outils. *h* , l'arbre du rouage. *i i* , le grand arbre pour le mouvement des outils. *k k* , les petites lunettes. *l l* , les cylindres. *m m* , les lanieres pour le tirage des outils. *n n* , les cordes de la roue. *o* , la petite roue. *p* , l'arbre de la petite roue. *q* , le volant. *r* , la manivelle. *s* , la corde de la pédale. *t* , la boëte contenant les coussinets de l'arbre de la roue. *u* , la vis pour bander les cordes de la roue. *v v* , les supports montans de la roue. *x x* , les traverses. *y* , la vis à écrou du support postérieur de l'arbre. *ζ* , la vis à écrou du support à lunette. *a* , la vis à écrou du support à tou-

che. *bb*, les vis à écrou des supports à outils mobiles. *c*, le ressort de l'arbre. *d*, l'étrier pour arrêter
le ressort. *e*, la vis à écrou du ressort. *gg*, les vis
pour bander le ressort. *h*, la vis à écrou pour arrêter la boëte du rouage. *ii*, les mortaises pour le
passage des ressorts des outils mobiles. *kk*, la plate-
forme. *ll*, les jumelles de l'établi.

*Autre détail du même tour.*

*Fig.* 5. Petite lunette du grand arbre pour le mouvement des outils. A A, les coussinets. B, la vis pour
les serrer. C, le pié. D, portion du grand arbre.
E, le cylindre pour le tirage. F, la laniere. G, le
crochet.
6. Coulisse de l'outil mobile. A A, les biseaux. C, la
platine de l'outil. D D, les cramponets. E E, les
vis des cramponets.
7. Ressort en bascule de l'outil mobile. A, le ressort.
B, la bascule. C, la charniere. D, la fourche.
8. Ecrou du té du support à touche.
9. Té du support à touche. A, la tête. B, la vis.
10. Douille faisant partie du grand arbre pour le mouvement des outils. A, la douille. B, la tige.
11. Intérieur de la boëte pour le mouvement des outils.
A, le grand arbre. B, le cylindre pour le tirage de
l'outil. C C, les roues dentées. D D, les vis sans
fin. E E, les arbres des vis sans fin. F, la petite
poulie du rouage indiquée en *g* dans les Planches
XLIII. & XLIV.
12 & 13. Outils.

### PLANCHE XLVI.

*Moulures.*

*Fig.* 1. Filet droit.
2. Filet oblique.
3. Plate-bande droite.
4. Plate-bande oblique.
5 & 6. Baguettes.
7 & 8. Tores.
9, 10, 11 & 12. Gorges.
13, 14, 15 & 16. Scoties.
17, 18, 19 & 20. Quarderons droits.
21, 22, 23 & 24. Quarderons renversés.
25, 26, 27 & 28. Carets droits.
29, 30, 31 & 32. Carets renversés.
33, 34, 35 & 36. Talons droits.
37, 38, 39 & 40. Talons renversés.
41, 42, 43 & 44. Doucines droites.
45, 46, 47 & 48. Doucines renversées.
49, 50, 51 & 52. Becs de corbin.

### PLANCHE XLVII.

*Ouvrages simples.*

*Fig.* 1. Calotte en plein ceintre.
2. Calotte surbaissée.
3. Viret en tranchant.
4. Viret en doucine.
5. Bouton rond.
6. Bouton plat.
7. Olive.
8. Gland.
9. Pomme.
10. Noix unie.
11. Noix échancrée.
12. Noix à ceinture.
13. Poire droite.
14. Poire renversée.
15. Œuf uni.
16. Œuf à ceinture.
17. Œuf échancré.
18. Cul de lampe.
19. Pavillon.
20. Pivot.
21. Pilon.
22 & 23. Bordures à doucines.

*Fig.* 24. Bordure à bec de corbin.
25 & 26. Moulures.
27. Chapiteau de colonne dorique.
28. Base attique.
29. Piédouche.
30. Baluste.
31. Vase.

### PLANCHE XLVIII.

*Tours d'Horlogers.*

*Fig.* 1. Tour portatif monté à l'usage des horlogers.
A, le support de l'arc. B, la coulisse de l'arc. C,
la boëte de l'arc. D, l'arc ou ressort. E, la bobine.
F F, la corde à boyau de la bobine. G, la corde
du tour. H, l'arbre. I I, les poupées à tourner en
l'air ou entre deux pointes. K, la poupée à registre.
L, le support. M, le piton. N, la boëte du piton.
O O, la barre. P, le support de la barre du tour.
Q Q, l'établi.
2. Bobine de l'arc. A, la bobine. B B, les cordes à
boyaux torses.
3. Poupée postérieure. A, la poupée. B, le faux coussinet. C, le trou de la pointe. D, le trou de la barre.
E, la vis pour l'arrêter sur la barre.
4 & 5. Coussinets de la poupée. A A, les languettes.
6. Boëte du ressort. A, la vis pour l'arrêter sur la coulisse.
7. Support à queue d'aronde. A, la tige.
8. Piton. A, la tige. B, le piton. C, la vis pour arrêter
le support.
9. Boëte du piton. A, le trou du piton. B, le trou de
la barre. C, la vis pour l'arrêter.
10. Extrêmité supérieure du support montant la coulisse de l'arc. A, la coulisse. B, la tige.
11. Extrêmité inférieure du même support. A, la tige.
B, le coude. C, la vis à écrou.
12. Support de la barre du tour. A, la fourche. B, le
trou de la vis du support de l'arc. C, la tige. D, la
vis. E, la tête. F, le té à touret.
13 & 14. Pointe du tour. A A, les pointes à écrou.
15 & 16. Coussinets de la poupée suivante. A, les languettes.
17. Poupée antérieure. A, la poupée. B, le faux coussinet. C, le trou de la pointe. D, le trou de la barre.
E, la vis pour l'arrêter sur la barre.
18. Poupée à registre. A, le trou de l'arbre. B, le trou
de la barre.
19 & 20. Vis pour arrêter les pointes dans les poupées.
A A, les têtes. B B, les vis.
21. Arc ou ressort. A A, les cramponets.
22. Barre du tour.

### PLANCHE XLIX.

*Tours d'Horlogers.*

*Fig.* 1. Tour à main. A A, les poupées. B B, les pointes.
C, la barre. D D, les moufles du support.
2 & 3. Poupées. A A, les échancrures de l'arbre à tourner en l'air. B B, les trous des pointes. C C, les
vis pour les fixer. D D, les trous de la barre. E E,
les vis pour les fixer sur la barre.
4 & 5. Pointes. A A, les pointes.
6. Barre du tour.
7. Support du tour.
8 & 9. Moufles du support. A A, les moufles. B B, les
barres des moufles.
10 & 11. Elévation perspective à coupe d'un autre tour
monté sur consoles. A A, les poupées. B B, les
pointes. C, le support. D D, les moufles du support. E E, les jumelles à coulisse. F, la console à
fourchette. G, le boulon à té
12. Poupée garnie de ses pieces. A, l'échancrure des
coussinets. B, la pointe. C, l'équerre. D, la vis
pour arrêter la pointe. E, le boulon pour arrêter
la poupée.
13. Poupée dégarnie.
14. Support mobile. A, le support. B, le plateau. C, le
boulon pour l'arrêter.

*Fig.* 15. Support. A, le support. B, la vis. C, l'écrou pour l'arrêter sur le plateau.

16. Plateau. A, le trou du pivot. B, la mortaise.

17 & 18. Equerres. A A, les coulisses des pointes. B B, les branches supérieures. C C, les branches inférieures.

19 & 20. Vis à tête quarrée pour fixer les pointes dans les coulisses des équerres.

21. & 22. Moufles de support. A A, les moufles. B B, les vis. C C, les barres à coulisses.

23. Vis pour arrêter les moufles dans les barres à coulisses.

24. Boulon du support mobile. A, la tête. B, la platebande. C, la vis à écrou.

25. Boulon de poupée. A, la tête à té. B, la vis à écrou.

26 & 27. Consoles à fourchette. A, l'entaille pour placer les jumelles. B B, les branches des fourches.

### PLANCHE L.

#### *Tours d'Horlogers.*

*Fig.* 1 & 2. Elévation perspective & coupe du tour portatif à pointe. A A, les pointes. B B, les poupées. C C, les coulisses du support. D D, la barre de support. E, le support. F, la coulisse des poupées. G G, les supports à patte du tour.

3 & 4. Pointes du tour.

5 & 6. Vis de la tête des poupées pour y fixer les pointes.

7. Support à coulisse. A, la vis pour le fixer sur la barre.

8. Barre du support.

9 & 10. Support à patte du tour. A, la tige. B, la vis. C, l'écrou. D, la patte. E, le coude. F, la vis pour fixer le tour en place.

11 & 12. Coulisse de la barre du support. A A, les goujons.

13 & 14. Poupées. A A, les têtes. B B, mortaises des coulisseaux. C C, les queues. D D, les vis à écrou pour les fixer sur le tour

15. Coulisse des poupées du tour.

16 & 17. Elévation perspective en coupe géométrale d'un tour portatif à pointe. A A, les pointes. B B, les poupées. C, la barre de support. D D, les supports. E E, les pitons. F F, les moufles. G G, les jumelles du tour. H H, les supports à pattes. I I, les vis pour les fixer.

18 & 19. Pointes du tour.

20 & 21. Supports de la barre. A A, les fourchettes. B B, les vis à fixer la barre. C C, les goujons.

22 & 23. Pitons des supports. A A, les tiges. B B, les pitons.

24 & 25. Poupées. A A, les têtes. B B, les queues. C C, les vis à écrou.

26. Moufle pour arrêter les pitons. A, la moufle. B, la vis à écrou.

27. Barre du support.

### PLANCHE LI.

#### *Tours d'Horlogers.*

*Fig.* 1 & 2. Elévation perspective en coupe d'un tour en l'air portatif. A, l'arbre. B, la poupée postérieure. C, le piton à coulisseau. D, le coulisseau. E, la poupée à lunette. F, le support. G, le piton du support. H, la moufle pour le fixer. I I, les jumelles du tour. K K, les supports à patte. L L, les vis pour fixer le tour. M M, les pattes.

3. Coulisse de l'arbre.

4. Support. A, la queue.

5. Moufle du piton du support. A, la moufle. B, la vis à écrou.

9. Piton du coulisseau. A, la tige. B, la douille. C, la vis à fixer le coulisseau.

7. Piton du support. A, la tige. B, la douille. C, la vis à fixer le support.

8. Poupée à lunette. A A, les jumelles. B, la queue. C, la vis à écrou.

*Fig.* 9. Poupée postérieure. A, la tête. B, la queue. C, la vis à écrou.

10. Faux-coussinet. A, la charniere. B, trou du coin.

11. Coin du faux-coussinet.

12. Crochet du coin du faux-coussinet.

13. Coussinets de la poupée à lunette.

14 & 15. Elévation perspective en coupe d'un autre tour en l'air portatif. A, l'arbre. B, les poulies de l'arbre. C, la poupée postérieure. D, le ressort. E, les coussinets. F, la poupée à lunette. G G, les coussinets. H, le coin des coussinets. I, le support K, le piton du support L L, les supports à patte du tour. M M, les pattes. N N, les vis pour les fixer.

16. Piton du support. A, la tête. B, la tige.

17. Support. A, la tête. B, la queue.

18. Poupée antérieure. A A, les jumelles de la lunette. B, la queue. C, la vis à écrou.

19. Poupée postérieure. A, la tête. B, la queue. C, la vis à écrou.

20. Ressort du support.

21. Support à patte des coussinets de la poupée postérieure.

22. Coussinets de la poupée antérieure.

### PLANCHE LII.

#### *Tours d'Horlogers.*

*Fig.* 1. Elévation perspective d'un tour à pointe à main à poulie. A A, les pointes. B B, les vis pour les fixer. C C, les poupées. D D, les vis pour les fixer. E E, la barre. F F, le support à coulisse coudé. G, le passage de la poulie du tour. H H, les vis à écrou à oreille pour le fixer.

2. Pointe à vis. A, la tête. B, la vis.

3. Pointe quarrée. A, la pointe.

4 & 5. Vis pour fixer les poupées sur la barre. A A, les têtes. B B, les vis.

6. Barre du tour.

7. Support à coulisse. A A, les coulisses. B, le coude pour le passage de la poulie.

8 & 9. Boulons pour retenir le support sur les poupées. A A, les têtes. B B, les viroles. C C, les vis à écrou.

10 & 11. Poupées. A A, les têtes. B B, les vis pour fixer les pointes. C C, les yeux pour le passage de la barre du tour.

12. Elévation perspective d'un autre tour à pointe & à patte. A A, les pointes coudées pour faciliter d'approcher le support tout près de l'ouvrage. B B, les vis pour les fixer. C C, les poupées. D, la coulisse des poupées. E E, les pattes du tour. F F, le support. G, la coulisse du support.

13 & 14. Pointes coudées du tour.

15. Coulisse du support. A A, les jumelles de la coulisse. B, la queue. C, la vis à écrou.

16. Support. A A, le support. B, l'échancrure pour le passage de la poulie du tour. C, la vis à oreille pour le fixer sur sa coulisse.

17 & 18. Poupées. A A, les têtes. B B, les vis pour fixer les pointes. C C, les queues. D D, les vis à écrou à oreille pour les fixer sur la coulisse du tour.

19. Petit tour à pointe à main. A A, les pointes. B B, les vis pour les fixer. C C, les têtes de l'étrier. D, l'étrier.

20. Petit tour en l'air à main. A, l'arbre. B, la vis. C, l'écrou à oreille de la vis. D D, les lunettes de l'étrier. E, l'étrier.

### PLANCHE LIII.

#### *Machine Angloise à pointes de diamans.*

*Fig.* 1. Coupe longitudinale.

2. Plan du chassis supérieur.

3. Plan du chassis inférieur.

4. Elévation du côté de la vis.

5. Elévation du côté opposé à la vis.

6. Coupe transversale d'une machine Angloise propre à tailler des manches de couteaux en pointe de diamans.

mans. A A, les jumelles du chassis supérieur mobile. B B, les charnieres. C C, les traverses. D D, les coins pour retenir. DD DD, les arcs de conduite. E E, les vis pour fixer le chassis supérieur à la hauteur convenable. EE EE, les supports pour le soutenir à la hauteur. F, la vis à conduire le rabot. G, le rabot. H, la regle figurée. I, la goupille pour l'arrêter dans le rabot. K K, les jumelles du chassis inférieur immobile. L L, les trous pour le passage des arcs de conduite. M M, les trous pour les passages des goujons à charniere. N N, &c. les traverses. O, la pointe à vis pour arrêter le manche. OO OO, les coins pour les retenir. P, le manche. Q, l'arbre à moulinet. R, le moulinet. S, le moyeu du contrepoids. T, le bras du contrepoids. U, le contrepoids. V, la table supérieure. X, partie creusée pour la grosseur des manches. Y, la table inférieure. Z, le support de l'outil. &, l'outil.

### Détail.

*Fig.* 7, 8, 9 & 10. Différentes regles figurées. A A, &c. les trous pour les arrêter dans le rabot.

11. Arbre à moulinet. A, l'arbre. B, le moyeu. C, le bras du moulinet. D, la douille dans laquelle se fixe le bout du manche de couteau.

12. Vis à filet quarré du rabot. A, la vis. B, la tête quarrée.

13. Manivelle à tourner la vis du rabot. A, la manivelle. B, le manche.

14. Pointe à vis à fixer le manche de couteau. A, la pointe. B, la vis. C, la tête.

15. Support de l'outil. A, le support. B B, les pattes.

16. Rabot de l'outil. A, le passage de l'outil. B B, les languettes & rainures.

17. Outil. A, le taillant. B, la queue à vis. C, l'écrou à oreille.

18. Manche de couteau.

19 & 20. Goujons à charniere. A A, les yeux.

21 & 22. Supports pour soutenir le chassis supérieur à la hauteur convenable. A A, les yeux à vis.

23 & 24. Arcs de conduite.

### PLANCHE LIV.

#### Machine à raiseau.

*Fig.* 1. Coupe longitudinale.

2. Plan du chassis supérieur.

3. Plan du chassis inférieur.

4. Elévation latérale du côté de la tête de la vis.

5. Elévation latérale du côté opposé.

6. Coupe transversale d'une machine propre à tailler des colonnes, balustres, vases & autres ouvrages en raiseau. A A, jumelles du chassis supérieur. B B, les charnieres. C C, les traverses. D D, les arcs de conduite. DD DD, les coins pour les retenir. E E, les vis pour les fixer. F, le rabot. F F, l'outil du rabot. G, l'étrier du rabot. H, la vis pour le faire mouvoir. H H, la regle figurée. I I, les jumelles du chassis inférieur. K K, les mortaises des goujons à charniere. L L, les mortaises des arcs de conduite. M M, les traverses. N N, les coins pour les retenir. O, la colonne ou autre ouvrage. P, l'écrou de l'arbre. Q, la boëte de l'arbre. R, le moyeu du contrepoids. S, le bras du contrepoids. T, le contrepoids. U U, la table. V V, la partie creusée pour la grosseur des ouvrages. X, écrou à oreille de l'arbre.

7. Intérieur de l'une des jumelles du chassis supérieur, qui fait voir la direction de la rainure du rabot conforme au profil de l'ouvrage à raiseau. A A, les rainures. B B, les mortaises des traverses. C, la mortaise de l'arc de conduite. D, la charniere.

8. Arbre à moyeu. A, la tige. B, la vis à écrou. C, la boëte à canon servant de tourillon. D, les pointes pour fixer la colonne. E, le goujon à vis à écrou pour fixer le moyeu.

9. Colonne.

N°. 7.

10. Moyeu. A, le moyeu. B B, les bras de la regle figurée. C, le bras du contrepoids. D, le contrepoids.

11. Vis à filet quarré pour pousser le rabot. A, la vis. B, la tête quarrée. C, le goujon à vis pour arrêter la vis dans l'étrier du rabot.

12. Regle figurée. A, le trou de la goupille pour la fixer dans le rabot.

13. Petit canon du haut de l'arbre servant de tourillon.

14. Etrier à patte pour arrêter la vis.

15. Rabot. A, la rainure de l'écrou à oreille à virole. B, la mortaise de la regle figurée. C C, les languettes.

16. Bout de la vis à filet quarré, garnie de son écrou prêt à être placé dans l'étrier. A, le bout de la vis. B, l'écrou.

17. Manivelle à tourner la vis. A, la manivelle. B, le manche.

18. Outil. A, le taillant. B, la tige. C, la vis. D, l'écrou à oreille à virole.

### PLANCHE LV.

#### Tours à faire les simples torses & ovales.

*Fig.* 1. Tour à faire des vis. A, la poupée à coussinets à vis. B, la vis pour les fixer. C, la poupée à coussinets simples. D, la vis pour les fixer. E, la vis de conduite. F, le rouleau disposé pour faire une vis. G, le cylindre de conduite. H, la corde de l'arc. I I, les jumelles de l'établi du tour. K K, les clés.

### Détail.

2. Rouleau disposé pour faire une vis. A, le rouleau. B B, les goujons pour l'arrêter dans les boëtes.

3. Vis de conduite. A, la vis. B, la boëte. C, le trou du goujon. D D, les vis pour le fixer.

4. Cylindre de conduite. A, le cylindre. B, la boëte. C C, les vis pour arrêter le goujon du rouleau.

5. Vis des coussinets. A, la tête. B, la vis.

6. Coussinet.

7. Poupée à ovale. A, la poupée. B, le chapeau. C, la vis du chapeau pour serrer les coussinets. D D, les écrous à oreille pour arrêter le chapeau. E E, les bras de la poupée. F F, les bras de la coulisse. G G, les vis. H, la platine postérieure du tambour. I I, la platine à coulisse du tambour. K K, les coulisseaux.

8. Poupée démontée. A A, les jumelles. B B, les vis à écrous à oreilles. C C, les bras. D, la queue.

9. Vis du chapeau de la poupée. A, la tête. B, la vis.

10. Chapeau. A, l'écrou de la vis. B B, les trous des vis pour l'arrêter.

11. Faux coussinets. A A, les languettes.

12. Coussinets. A, le coussinet supérieur. B, le coussinet inférieur. C C, les languettes.

13 & 14. Boulons à vis des bras de la coulisse. A A, les têtes. B B, les vis à écrous.

15. Cercle à coulisse. A, le cercle. B B, les bras à coulisse.

16 & 17. Coupe & élévation du tambour. A, la platine à coulisse. B B, la platine postérieure. C C, étotiots pour renvoyer le mouvement autour du cercle à coulisse.

### PLANCHE LVI.

#### Machine à canneler & onder.

*Fig.* 1. Elévation géométrale.

2. Plan.

3. Elévation latérale.

4. Coupe d'une machine propre à canneler & onder des colonnes, manches, &c. A, la colonne ou le manche. B, la vis. C C, les rosettes. D D, les touches. E E, les supports immobiles. F, le support mobile. G, le rabot. H H, les lunettes. I, la charniere de lunette. K, la vis pour serrer les coussinets. L L, les contrepoids. M M, les poulies du contrepoids. N, la regle figurée. O, la piece à coulisse de conduite. P P, les pattes. Q, l'outil.

D

*Fig.* 5. Coupe du rabot. A, le rabot. B, la lumiere pour la piece à coulisse. C, le reffort. D, la boëte contenant l'outil.

6. Boëte contenant l'outil. A, la platine coudée. B, le cramponet. C, l'outil renfermé dans le cramponet.

7. Coupe de la regle figurée.

8. Plan de la regle figurée. A A, les trous pour l'arrêter dans le fupport mobile.

9 & 10. Elévation perfpective & coupe d'une machine propre à tracer & tailler une torfe fimple, ondée, gaudronnée. A, la torfe. B B, les rofettes. C, la barre de touche. D, la vis. E E, les lunettes immobiles. F F, les lunettes mobiles. G G, les contrepoids. H H, les poupées. I I, les poulies des contrepoids.

11. Manivelle pour tourner la vis. A, la manivelle. B, le manche.

12. Lunette immobile. A, la lunette. B, le pivot. C, le couffinet.

13. La lunette mobile. A, la lunette. B, le pivot.

*Maniere de tracer les torfes.*

14. Deffein de torfe fimple.
15. Deffein de torfe croifée.
16. Deffein de torfe en fpirale.
17. Deffein de torfe fans fin.

## P L A N C H E LVII.

*Tour à gaudronnner à vis, & machine à rofettes.*

*Fig.* 1 & 2. Elévation perfpective & coupe d'un tour à gaudronner dont l'outil eft mobile. A, la piece à gaudronner. B B, les rofettes. C C, les vis à ferrer les coulifes du fupport. D D, les couliffes du fupport. E E, les touches mobiles. F F, les écrous des touches pour les arrêter fur le fupport. G, le fupport mobile. H H, les refforts. I I, les poupées. K K, les queues. L L, les coins. M M, les jumelles de l'établi.

3. Coupe de la maniere dont l'on retient l'outil fur le fupport. A, coupe du fupport. B, l'outil. C, la fourche à crochets. D, la branche fur laquelle on appuie.

5. Fourche. A, la fourche à crochets. B, le manche fur lequel on appuie pour fixer l'outil fur le fupport.

5. Elévation perfpective d'un tour propre à faire toutes fortes de vis. A, la corde de l'arc. B, l'arbre. C C, les boëtes de différentes groffeurs, fuivant la fineffe du pas de la vis. D, la pédale. E, le levier de la bafcule de la pédale. F, la bafcule de la pédale. H, la bafcule du contrepoids. I, le fupport du contrepoids. K, le contrepoids. L L, les poupées. B B, l'établi.

6. Autre levier de la bafcule de la pédale pour fervir lorfque l'on veut rendre les pas de la vis ferrés de plus en plus. A, le pivot. B, la rainure pour la corde de la pédale.

7 & 8. Elévation perfpective & géométrale d'une machine propre à former toutes fortes de contours poffibles de rofettes, efpece de pantographe, *l'oracle* de M. *Grammare*. A, la regle inférieure. B, la regle fupérieure. C, le tambour à reffort. D, la corde du tambour. E, le point d'appui de la corde. F, la touche. G, l'outil. H, le pivot.

9. Regle inférieure. A A, les différens trous du pivot. B B, la rainure. C, le point d'appui de la corde du tambour.

10. Regle fupérieure. A A, les piés. B B, la rainure. C C, le trou pour arrêter le tambour.

11. Tambour garni intérieurement d'un reffort de pendule. A, l'effieu.

12. Outil. A, le taillant. B, la vis à écrou à oreille.

13. Touche. A, la pointe. B, la vis.

## P L A N C H E LVIII.

*Machines à polygones, fimples & figurées.*

*Fig.* 1 & 2. Elévation perfpective & latérale d'une poupée à faire toutes fortes de polygones. A, la poupée. B, la queue. C, la couliffe. D, la corde de l'arc. E, la corde de pédale. F F, les coulifeaux. G, la platine graduée. H, la platine pour recevoir l'ouvrage. I, le polygone. K, l'outil. L, le fupport.

3. Couliffe. A, le trou pour attacher la corde de l'arc. B, le trou pour attacher la corde de la pédale.

4 & 5. Coulifeaux. A A, les trous pour les arrêter fur la poupée.

6. Platine graduée pour la juftefe des polygones.

7. Platine fur laquelle on arrête l'ouvrage.

8, 9 & 10. Plan en grand des coulifeaux, & couliffe pour montrer leurs rainures & languettes. A, la couliffe. B B, les coulifeaux.

11 & 12. Elévation d'une machine par M. de la Condamine, imitant les mouvemens du tour propre à faire toutes fortes de polygones fimples & figurés, avec une feule rofette quarrée, circulaire ou ovale. A, la rofette. B, l'arbre de la rofette. C, la touche à patte. D D, les couliffes. E E, les cramponets des couliffes. F, le cric du tambour contenant le reffort. G, le cliquet. H, le reffort du cliquet. I I, les platines. K K, les piliers des platines. L, la couliffe qui correfpond à la touche. M M, le porte-crayon tenant lieu d'outil. N, la figure qu'il trace. O, le tambour contenant le papier à tracer. P, le cercle gradué pour la juftefe des figures. Q, la vis pour fixer la platine au tambour.

13. Intérieur des platines. A, l'arbre du tambour. B, l'arbre de la rofette. C, D, E, autres arbres où l'on peut placer la rofette pour varier à l'inftant les polygones figurés.

14. Tambour. A A, le couvercle. B B, la boëte garnie de fon cercle gradué. C, la vis pour le fixer.

15. Coupe du couvercle.

16. Coupe de la boëte. A A, le cercle gradué. B, la douille de l'arbre.

17. Touche. A, la touche. B B, les pattes. C C, les coudes. D, la tige qui doit entrer dans la douille de la figure fuivante.

18. Porte-crayon à couliffe. A, la douille. B, la couliffe de la douille. C, la couliffe du porte-crayon. D, boulon à vis pour les fixer enfemble. E E, le porte-crayon.

19. Touche à patte. A, la touche. B B, les pattes.

## P L A N C H E S LIX & LX.

*Contours figurés.*

Ces deux Planches repréfentent des contours figurés dont les rofettes font quarrées, ovales ou circulaires; les lignes ponctuées indiquent la forme & grandeur de la rofette; T, le point où la touche eft placée fur la rofette; & P, le point où le crayon eft placé fur la figure.

## P L A N C H E LXI.

*Tours excentriques & fphériques.*

*Fig.* 1. Molette à tourner excentriquement. A, la molette. B, la platine à demi-lune. C C C, les boulons à vis à écrou pour la retenir. D, piece à tourner.

2. Molette dégarnie de fa piece à tourner. A, la molette. B, la platine demi-lune. C C C, les boulons.

3 & 4. Elévation en coupe de la molette. A, la molette. B, le trou de l'arbre. C, la platine demi-lune. D, le boulon.

5. La platine demi-lune.

6. La piece à tourner compofée de fept demi-fpheres.

7 & 8. Coupe géométrale & élévation perfpective d'une autre molette à couliffe pour tourner excentriquement. A, la molette. B, la couliffe. C, la platine inférieure. D, la platine fupérieure. E E, les boulons à vis à écrou.

*Fig.* 9. Platine fupérieure. A A . &. les trous des boulons.

10. Platine inférieure. A A, la mortaife pour le paffage de la douille de la couliffe.
11. Molette. A, la couliffe. B B, les trous des boulons.
12. Couliffe. A, la douille. B, le plateau.
13 & 14. Ouvrages excentriques, efpeces de petites dames rondes, foutenues chacune de fon pivot.

### *Maniere de tourner la fphere.*

15. Cylindre préparé pour en tourner une fphere. A, la ligne du milieu.
16. Sabot contenant le cylindre. A, le fabot. B, le cylindre.
17. Platine fur laquelle eft pofée une demi-fphere. A, la platine. B, la demi-fphere.
18. Sphere montée fur pointe. A, le fabot. B, la fphere. C, la pointe à vis. D, la poupée.
19. Sphere tournée.

### *Maniere de tracer la maffue fig. 23. pour la difpofition à étre tournée.*

20. *Premiere opération.* Divifez le diametre perpendiculaire en fept parties égales ; tirez les cordes à la deuxieme & à la cinquieme divifion : formez un cercle dont le diametre égalera la longueur de l'une des deux cordes, *fig.* 21.

*Seconde opération.* Divifez la circonférence de ce cercle en dix parties égales, à chacune defquelles formez un cercle, *fig* 22.

*Troifieme opération.* Vous percerez alternativement ces cercles, au travers de chacun defquels vous tournerez excentriquement chacune des pointes de la maffue, *fig.* 23.

## PLANCHE LXII.

### *Divers Ouvrages réunis.*

*Fig.* 1 & 2. Elévation géométrale & plan d'un vafe gaudronné, creufé en - dedans de la même maniere, garni de fon couvercle.
3. Elévation géométrale d'un vafe à panier gaudronné.
4. Elévation géométrale de vafes contenus dans des polygones folides, la tige rampante & le pied gaudronné, fuivant le plan *fig.* 5.
6. Efpece de bâton où font réunis les ouvrages les plus difficiles qui puiffent fe faire fur le tour.

# TOUR A FIGURE.

## PLANCHE LXIII.

C ETTE Planche repréfente l'élévation en face.

## PLANCHE LXIV.

Cette Planche repréfente l'élévation par derriere.

## PLANCHE LXV.

*Fig.* 1 & 2. Les deux faces latérales.

## PLANCHE LXVI.

*Fig.* 1 & 2. Le plan du volan & des roues.
2. Le plan de l'établi.
3. Le plan de la pédale. A, le volan. B, la grande roue. C, la petite roue. D, la boëte. E, le vafe. F, la manivelle. G, l'arbre. H, la vis de rappel. I I, les fupports. K K, les entre-toifes. L, le tirage. M, l'arbre du tour. N, le fupport à lunette fimple. O, le fupport à lunette à couliffe. P P, les fupports, l'un portant la touche & l'autre l'outil. Q, l'établi. R, le reffort de renvoi de l'arbre. S, fon fupport. T, pattes de l'établi. V, le fupport de l'établi. X, la table. Y Y, les tablettes. Z Z, les fupports de la table. &, la pédale. *a b*, direction de l'arbre de renvoi. *c c*, pofition des fupports. *d*, boëte de l'arbre de renvoi. *e*, arbre de renvoi. *f f*, fupports de l'arbre de renvoi. *g g*, arcsboutans des fupports. *h*, bafcule de renvoi de la pédale. *i*, fupport de ladite bafcule.

## PLANCHE LXVII.

### *Arbre & fes détails.*

*Fig.* 1. Arbre du tour vu de face.
2. Le même vu du côté de la boëte.
3. Le même vu du côté de la contre-boëte.
4. Coupe du même arbre. A A, l'arbre. B, boëte à portrait. C, la contre-boëte à portrait. D, la rofette à quart de cercle. E, le quart de cercle. F, la vis pour le fixer. G, la grande poulie. H, la petite poulie. I, la rofette de divifion. K, l'aiguille de divifion. L L, rofettes de différente figure. M M, les rondelles. N N, la croifée de la poulie. O, la place du portrait. P, la place du contre-portrait.
5 & 6. Contre-portraits.
7 & 8. Portraits.
9 & 10. Elévation & coupe de la boëte à portrait. A,

la place du portrait. B, l'écrou pour le viffer dans l'arbre.

*Fig.* 11 & 12. Elévation & coupe de la contre-boëte à portrait. A, la place du contre-portrait. B, l'écrou pour le viffer dans l'arbre.

## PLANCHE LXVIII.

### *Arbre & fes rofettes.*

*Fig.* 1. Arbre. A, la vis de le boëte à portrait. B, la rainure du couffinet à fixer l'arbre. C C, moulures. D, rainure du reffort. E, vis de la poulie. F, embâfe de l'arbre. G, emplacement des rofettes. H, corps de l'arbre. I, vis de la contre-boëte.
2 & 3. Elévation & coupe de la grande poulie. A A, le cercle de la poulie. B B, les branches de la croifée. C C, les oreillons de la croifée. D, l'écrou de la vis de l'arbre. E, les noix de la poulie.
4. Elévation perfpective.
5. Elévation en face.
6. Elévation du côté du quart de cercle.
7. Coupe latérale de la rofette à quart de cercle. A, la rofette. B, le quart de cercle. C, la moulure du milieu. D D, les écrous pour fixer le quart de cercle.
8 & 9. Ecrous du quart de cercle.
10. Quart de cercle. A, la portion circulaire. B B, les vis du quart de cercle.
11. Coupe.
12. Deffous.
13. Deffus.
14. Elévation perfpective de la petite poulie fervant d'écrou. A A, les noix. B, la vis à écrou. C C, les trous pour loger la clé pour le tourner.
15. Elévation perfpective.
16. Vue latérale.
17. Coupe de la rofette de divifion. A A, les cercles de divifion. B, le paffage de l'arbre. C, dégorgement de la rofette.
18. Vue perfpective.
19. Face du gros bout.
20. Face du petit bout.
21. Coupe du canon portant les rofettes. A, le canon. B, la languette. C, l'embouchure. D, la vis de la derniere rofette de corne. E, la vis de la premiere rofette portant l'aiguille de divifion.
22. Languette du canon. A, le corps de la languette. B B, les trous des vis.
23 & 24. Vis à tête fraifée de la languette. A A, les vis. B B, les têtes.

*Fig.* 25. Aiguille de division. A , l'aiguille. B , la vis.

26 , 27 & 28. Coupe devant & derriere de la premiere rofette de cuivre portant l'aiguille de division. A , l'aiguille. B , la rofette. C , l'écrou. D , l'écrou de l'aiguille. E E , les compartimens.

29 , 30 & 31. Devant, derriere & coupe de la premiere rondelle. A , la rondelle. B , la partie faillante. C , rainure de la languette.

## PLANCHE LXIX.

### *Rofettes à reffort.*

*Fig.* 1, 2 & 3. Devant, derriere & coupe de la deuxieme rofette. A , fond de la rofette. B , compartimens. C , rainure de la languette.

4 , 5 & 6. Devant, coupe & derriere de la deuxieme rondelle. A , la rondelle. B , la partie faillante. C , la rainure de la languette.

7 , 8 & 9. Devant , derriere & coupe de la troifieme rofette. A , fond de la rofette. B , compartimens. C , rainure de la languette.

10, 11 & 12. Vue géométrale , vue perfpective & coupe de la troifieme rondelle. A , la rondelle. B , intérieur de la rondelle. C , rainure de la languette. D , écrou de la vis à fixer.

13 , 14 & 15. Derriere, devant & coupe de la quatrieme rofette. A , fond de la rofette. B , compartimens. C , rainure de la languette.

16 , 17, 18 & 19. Faces de la cinquieme , fixieme & feptieme rofettes en cuivre, & la huitieme en corne.

20. Coupe defdites rofettes. A A , &c. les rofettes. B , les compartimens. C , les rainures de la languette.

21 & 22. Elévation en face & latérale du reffort de l'arbre. A , le reffort. B , le croiffant. C C , les vis pour lui donner fa bande. D , le crampon. E , l'équerre évidée. F F , les branches de l'équerre. G G , les vis pour l'arrêter.

23 & 24. Vis à bander le reffort. A A , les têtes. B B , les vis.

25. Reffort démonté. A , le corps du reffort. B , le croiffant. C , la vis. D , l'écrou.

26 , 27 & 28. Elévation en face , élévation latérale & plan de l'équerre à patte. A , la branche évidée. B B , les pattes. C , le trou de la vis du reffort.

29. Crampon du reffort. A A , les branches. B , le trou du reffort.

## PLANCHE LXX.

*Fig.* 1 , 2 - 3 , 4 & 5. Devant géométrale, derriere, face latérale , coupe , & vue perfpective de la poupée à lunette à couliffe. A , le corps de la poupée. B , la couliffe. C C , les platines. D D , les vis pour les fixer. E , le chaffis des couffinets. F , les couffinets. G , la platine à crampon. H , l'écrou. I , la vis à vafe. K , la vis à fixer la lunette à couliffe. L , le quarré fur lequel on fixe la lunette à couliffe.

6. Corps du fupport à lunette. A , le corps. B B , les trous à fixer les platines. C , l'ovale. D , l'embâfe. E , le quarré. F , la vis.

7. Vis à vafe. A , le vafe. B , la vis.

8. Plan du même fupport à lunette. A , le fupport. B , la couliffe. C , la platine. E , le chaffis à couffinets. K , la vis à fixer la couliffe. I , le quarré fur lequel on la fixe.

9 & 10. Face & partie latérale de la couliffe jointe à la platine à couffinets. A , la couliffe. B , la platine de conduit. C C , les vis. D , les couffinets. E , le chaffis. F F , les vis à têtes fraifées pour fixer le chaffis à la couliffe. G , la platine fupérieure. H H , les vis de la platine. I , la vis pour ferrer les couffinets. K , la vis à fixer la couliffe.

11 & 12. Face latérale & élévation de la couliffe fimple. A , la couliffe. B B , les trous des vis fraifées. C , le trou du milieu. D D , les chanfreins.

13. Platine fupérieure du chaffis à couffinets. A A , les trous des vis. B , le trou de la vis à preffer les couffinets.

*Fig.* 14 & 15. Elévation & plan du chaffis des couffinets. A , la partie inférieure. B B , les montans. C C , les oreillons.

16 & 17. Couffinets. A A , les couliffes.

18 & 19. Vis de la platine du chaffis. A , la tête. B , la vis.

20. Platine de la couliffe. A , la platine. B B , les chanfreins. C , le quarré à fixer.

21. Vis à vafe de la platine du chaffis. A , la tête. B , la vis.

22. Vis à fixer la couliffe. A , la tête quarrée. B , le vafe. C , la vis.

23 & 24. Vis pour arrêter la platine de la couliffe. A , la tête. B , la vis.

25. Platine à crampon de la poupée. A , le crampon. B , le demi-crampon. C , le trou pour paffer la vis.

26. Ecrou de la poupée.

## PLANCHE LXXI.

### *Etabli & fes détails.*

*Fig.* 1. Platine fupérieure de la couliffe. A A A , les trous des vis fraifées.

2. Platine inférieure de la couliffe. A A , les trous des vis fraifées.

3. Quarré fervant à fixer la couliffe. A , la vis. B , le quarré. C , la tête.

4 & 5. Vis à tête fraifée des précédentes platines.

6. Elévation.

7 & 8. Coupes.

9. Plan de l'établi. A , le devant. B , la jumelle. C , la contre - jumelle. D , la courbe. E , la patte fupérieure. F , le boulon. G , le vafe. H , la tête du boulon. I , la patte inférieure. K , la vis de la contre-jumelle. L , l'entre-jumelle. M , l'écrou. N , lumiere des poupées

10. Coupe de l'établi fur la ligne *a b* du plan , *fig.* 9.

11. Coupe du même fur la ligne *c d* du même plan. A , devant de l'établi. B , lumiere des poupées. C , jumelle. D , entre-jumelles. E , contre-jumelles. F , vis de la contre-jumelle.

12. Patte de l'établi. A , l'entre-jumelle. B , la courbe. C , la patte inférieure. D , la patte fupérieure.

13. Boulon de la patte de l'établi. A , la vis B , la tête.

14. Vafe fervant d'écrou au précédent boulon.

15 & 16. Goujons des pattes. A , la vis. B , le quarré. C , l'écrou.

17. Boulon de la contre-jumelle. A , la vis. B , la tête.

18. Elévation perfpective du devant de l'établi. A A , le devant. B C , les lumieres des poupées.

19 & 20. Jumelle & contre-jumelle. A A , les trous des goujons. B , le trou du boulon.

## PLANCHE LXXII.

*Fig.* 1, 2 , 3 , 4 & 5. Devant , derriere, face latérale , coupe & vue perfpective de la poupée à lunette à bafcule. A , le corps de la poupée. B , la platine fupérieure. C , la vis fupérieure. D , le couffinet fupérieur. E , le couffinet inférieur. F , la bafcule. G , la platine à crampon. H , l'écrou. I , la vis de la bafcule. K , le boulon de la bafcule.

6 & 7. Vis à tête fraifée de la platine fupérieure. A , la tête. B , la vis.

8. Corps de la poupée. A , le corps. B B , les jumelles. C , la vis.

9. Platine fupérieure. A A , les pattes. B , le trou à écrou de la vis.

10. Vis à vafe de la platine fupérieure. A , la vis. B , le vafe.

11. Platine à crampon. A , le crampon. B , le demi-crampon.

12. Ecrou de la poupée.

13 & 14. Couffinets fupérieur & inférieur. A , le repos de la vis. B B , les couliffes. C C , l'emplacement de l'arbre.

15. Bafcule de la poupée. A , la charniere. B , la queue. C , le demi-cercle pour fixer l'arbre. D , l'emplacement du boulon à vafe.

*Fig.* 16.

*Fig.* 16. Vis de la bascule. A , la tête. B , la vis.

17. Boulon à vase de la bascule. A , la tête à vase. B , la vis.

18. Plan du corps de la poupée. A , le couſſinet. B B , les jumelles montantes.

19, 20 & 21. Plan , face latérale & élévation du reſſort de renvoi de la lunette à couliſſe. A , reſſort. B , pattes du té. C , tête du té à patte. D , vis pour bander le reſſort. E , clous à vis à écrou.

22. Vis à anneau pour bander le reſſort précédent. A , l'anneau. B , la vis.

## PLANCHE LXXIII.

*Fig.* 1. Reſſort de la lunette à couliſſe. A , le corps du reſſort. B , la patte. C , la tête.

2 & 3. Boulons des pattes du té. A , la tige. B , la tête. C , la vis.

4. Clous à vis à écrou du reſſort. A , la tête. B , l'écrou.

5. Té à patte du même reſſort. A , la tête. B B , les pattes.

6, 7, 8 & 9. Vue perſpective , élévation latérale , derriere & devant de l'un des deux ſupports, portant l'un l'outil à travailler , & l'autre le renvoi. A , le corps du ſupport. B , la bascule. C , le reſſort. D , la vis du reſſort. E , le crochet de la couliſſe. F , le crampon portant outil. G & H , les platines immobiles. I I , les vis pour ſerrer l'une des platines. K , la couliſſe. L , l'écrou. M , la platine à talon.

10. Vis du reſſort. A , la vis. B , la tête à vaſe.

11. Crochet de la couliſſe. A A , les crochets.

12. Reſſort. A , la patte. B , l'extrêmité du reſſort.

13. Bascule. A , le milieu. B , la patte. C , la charniere.

14. Plan du ſupport ſupérieur.

15. Couliſſe du ſupport. A , la couliſſe. B B , les pitons. C , le crampon. D , le ſupport de l'outil.

16 & 17. Couliſſeau & contre-couliſſeau. A A , &c. les trous pour les fixer.

18 & 19. Vis pour arrêter les couliſſeaux. A , la tête. B , la vis.

20. Vis pour fixer l'outil ſur la couliſſe. A , la tête à chapeau. B , la vis.

21. Platine à talon. A , le talon. B , la charniere.

22. Ecrou du ſupport.

23 & 24. Outil à travailler ou à repouſſer.

## PLANCHE LXXIV.

*Fig.* 1. Support ſimple. A , le corps du ſupport. B B , les queues d'aronde portant les vis de rappel de l'un des couliſſeaux. C , la vis.

2. Face latérale de la boëte de l'arbre de renvoi. A , coupe de l'établi ſur lequel elle eſt montée. B , platine latérale de la boëte. C , arbre de renvoi. D , arbre de la poulie de renvoi. E , ſabot.

3. Face latérale de l'un des ſupports de l'arbre de renvoi. A , coupe de l'établi. B , tige du ſupport. C C , arcboutans. D , lunette.

4 & 5. Elévation & plan de l'arbre de renvoi & de toutes ſes pieces. A , l'établi. B , corps de l'arbre. C C , ſupports. D , boëte. E , poulie de renvoi. F , ſabot.

## PLANCHE LXXV.

*Fig.* 1, 2 & 3. Coupe en face , plan & coupe latérale de la boëte de l'arbre de renvoi. A , l'établi. B , le ſabot. C , le boulon pour fixer la boëte. D , platines latérales. E , platine de devant. F , platine de derriere. G , chapiteau. H , poulie de renvoi. I , vis ſans fin donnant le mouvement à la roue K , qui le rend par la vis ſans fin L à la roue M , faiſant tourner l'arbre de renvoi N. O , platine inférieure.

4. Platine de devant de la boëte. A A , les pattes.

5. Platine de derriere de la boëte. A A , les pattes. B , mortaiſe pour le paſſage de la roue qui conduit l'arbre de renvoi.

6. Boulon de la boëte. A , la tête. B , la tige. C , la vis à écrou.

7 & 8. Platines latérales. A A , les pattes. B B , les trous

de la premiere vis ſans fin. C C , les trous de l'arbre de renvoi.

*Fig.* 9 & 10. Platine inférieure & chapiteau. A , le trou du boulon. B B , les mortaiſes des pattes.

11. Sabot pour exhauſſer la boëte. A A , les pattes.

12. Premiere vis ſans fin. A , la vis. B B , les viroles de la vis. C , la poulie de renvoi.

13. La même vis ſans fin. A , la vis. B B , les tourillons. C C , les viroles. D , la tige à huit pans de la poulie. E , la virole de la poulie.

14. La même vis ſans fin ſimple. A , la vis. B B , les tourillons. C , la tige à huit pans.

15, 16 & 17. Vue perſpective , élévation & coupe de la poulie de renvoi. A , le trou de la tige à huit pans. B B , les gorges. C C , les noix.

18, 19, 20 & 21. Goupilles des platines.

22 & 23. Vis pour arrêter le ſabot.

24 & 25. Rondelles des tourillons de la premiere vis ſans fin.

26. Rondelle de la tige de la poulie de renvoi.

27. Deuxieme vis ſans fin montée. A , la vis. B B , les viroles. C C , les tourillons. D , la roue dentée.

28 & 29. Vue perſpective & coupe de la roue dentée. A A , les dents. B , le trou de la tige.

30. Deuxieme vis ſans fin ſimple. A , la vis. B , l'embâſe. C , la tige à huit pans. D D , les tourillons.

31. Arbre de renvoi monté. A , l'arbre. B B , les viroles. C , la roue dentée.

32. Arbre de renvoi ſimple. A , l'arbre. B , la virole. C C , les goujons.

33 & 34. Viroles de la deuxieme vis ſans fin.

35, 36, 37 & 38. Viroles de l'arbre de renvoi.

39. Roue dentée de l'arbre de renvoi. A A , les dents. B , le trou de l'arbre.

40. Arbre de renvoi à douille. A , la douille. B , la vis pour le fixer ſur le goujon. C , la roulette de renvoi. D , la vis pour la fixer ſur l'arbre. E , tige de l'arbre.

41. Le même arbre de renvoi ſimple.

42. Coupe du même. A , la douille. B , le trou de la vis pour le fixer. C , corps de l'arbre.

43. Vis à fixer la roulette de renvoi. A , la tête. B , la vis.

44. Vis à tête à chapeau , ſervant à fixer l'arbre à douille ſur l'arbre de renvoi.

## PLANCHE LXXVI.

*Fig.* 1 & 2. Vue perſpective de deux roulettes de renvoi à canon. A , la roulette. B , la rainure. C , le canon. D , le trou pour la fixer.

3 & 4. Vue perſpective & coupe d'une roulette de renvoi ſimple. A , la rainure. B , le trou de l'arbre. C , le trou pour la fixer ſur l'arbre.

5 & 6. Vue perſpective & coupe d'une autre roulette de renvoi à canon. A , la rainure. B , le trou de l'arbre. C , le canon. D , le trou pour la fixer.

7. Roulette montée de ſon tirage. A , la roulette. B , le trou de l'arbre. C , le crochet. D , la bandelette de reſſort. E , le crochet pour accrocher au piton de la couliſſe du ſupport portant outil.

8. Crochet.

9. Portion de la bandelette. A , l'anneau du crochet.

10. Autre portion de la bandelette. A , le trou du crochet.

11. Crochet à queue. A , la queue d'aronde pour l'arrêter ſur la roulette.

12, 13 & 14. Vue perſpective , élévation géométrale & coupe de l'autre partie de l'arbre de renvoi à douille. A , la douille. B , le corps de l'arbre. C , la roulette. D , la vis à tête à chapeau pour le fixer.

15 & 16. Vue perſpective & coupe d'une grande roulette. A , la rainure. B , le trou de l'arbre. C , le trou de la vis pour la fixer.

17 & 18. Vue perſpective & coupe d'une petite roulette. A , la rainure. B , le trou de l'arbre. C , le trou de la vis pour la fixer.

19. L'un des deux ſupports de l'arbre de renvoi. A , la tige. B , la vis. C , l'écrou. D , la platine. E , l'em-

bâfe. F , la boule fphérique. G , le vafe. H , le chaffis. I I , les couffinets. K , le chapiteau. L , la vis.

*Fig.* 20. Vis à tête à chapeau pour fixer l'arbre. A , la tête. B , la vis.

21. Vis à fixer les roulettes. A , la tête. B , la vis.

22 & 23. Coupe & élévation géométrale du corps du fupport. A , la fourche du haut pour embraffer le chaffis des couffinets. B , le vafe. C , la graine. D , la bafe. E , le trou de la tige à vis.

24 & 25. Plan du fupport fans chaffis, & le même avec chaffis. A A , *&c.* les cercles fphériques de la boule. B , la ceinture. C , la fourche. D , le couffinet. E E , les montans du chaffis.

26. Tige du fupport. A , la vis entrant dans le fupport de cuivre. B , le quarré. C , la vis du bas.

### PLANCHE LXXVII.

*Fig.* 1. Chapiteau du chaffis du fupport. A A , les pattes. B , le trou de la vis pour ferrer les couffinets.

2 & 3. Elévation & plan du chaffis des couffinets du fupport. A A , les jumelles. B B , les trous des vis du chapiteau. C C , les trous des vis des arcboutans.

4 & 5. Couffinets fupérieur & inférieur du fupport. A A , les rainures.

6 & 7. Vis à tête fraifée du chapiteau. A , la tête. B , la vis.

8. Platine du bas du fupport. A A , les pattes.

9. Ecrou de la tige du fupport.

10. Vis du deffus du chapiteau du fupport. A , la tête. B , la vis.

11 & 12. Vis du haut des arcboutans. A , la tête. B , la vis.

13 & 14. Vis des pattes des arcboutans. A , la tête. B , la vis en bois.

15 & 16. Arcboutans du fupport. A , la patte du haut. B , le talon. C , la patte du bas.

17. Bafcule de renvoi de la pédale. A , la moufle fervant de point d'appui. B , la tringle. C , l'anneau pour le tirage du bas. D , l'anneau pour le tirage du haut.

18. Tringle de la bafcule. A , l'anneau de la moufle. B , l'anneau du tirage du bas. C , l'anneau du tirage du haut.

19. Tige à moufle. A , la moufle. B , l'embâfe. C , la vis à écrou.

20 & 21. Elévation en face & latérale de la même moufle. A , la moufle. B , le boulon. C , la tige.

22. Extrêmité de la bafcule de renvoi avec anneau à vis. A , l'anneau à vis.

23. Anneau à vis de la bafcule. A , l'anneau. B , la vis. C , l'écrou.

24. Rondelle de l'anneau à vis.

25. Ecrou de l'anneau à vis.

26. Rondelle de la tige de la moufle.

27. Ecrou de la tige de la moufle.

### PLANCHE LXXVIII.

*Fig.* 1 & 2. Faces latérales du grand volan monté.

3 & 4. Elévation & coupe de la grande roue fimple.

5. Croifée de la grande roue.

### PLANCHE LXXIX.

*Fig.* 1. Elévation en face du grand volan monté.

2 & 3. Elévation & coupe du grand volan fimple.

4. Croifée du grand volan.

### PLANCHE LXXX.

*Fig.* 1. Coupe latérale du grand volan monté.

2, 3 & 4. Coupe latérale , plan & coupe tranfverfale de l'intérieur de la boëte du grand volan.

*Renvoi des figures des trois dernieres Planches.*

A , cercle du grand volan.

B , croifée du grand volan.

C , tenons de la croifée du grand volan.

D , trou de l'arbre du grand volan.

E , vafe de fer du grand volan.

F , manivelle du volan.

G , écrou de la manivelle.

H , boëte du volan.

I , vafe de la boëte.

K , vis de rappel.

L , cercle de la grande roue.

M , croifée de la grande roue.

N , trou de l'arbre.

O , noix de la grande roue.

P , petite roue.

Q , arbre du volan.

R R , montans fervant de fupports.

S , entre-toife à vafe.

T , le vafe de l'entre-toife.

V , entre-toife à piton.

X , piton.

Y , vis pour éloigner la boëte de renvoi.

Z , platines.

& , vis à écrou.

a , contre-montans.

b , couffinet.

c , écrou de la vis de rappel.

*Fig.* 5. Couffinet de l'arbre du grand volan. A , l'emplacement de l'arbre. B B , les feuillures.

6 & 7. Contre-montans fixés dans la boëte. A A , les trous pour les fixer. B B , les tenons.

8. Ecrou de la vis de rappel. A A , les trous pour le fixer.

9. L'une des vis à fixer l'écrou de la vis de rappel. A , la tête. B , la vis.

10. Vis de rappel. A , la tête à vafe. B , la vis.

11. Ecrou des vis des montans.

### PLANCHE LXXXI.

*Fig.* 1. L'un des grands montans du volan. A , le tenon du haut. B B , les trous à fixer la boëte. C , le coude. D D , les trous des entre-toifes. E , l'embâfe. F , la tige à vis.

2. Chapiteau de la boëte. A , le trou du vafe.

3. Platine du bas de la boëte. A A , les échancrures des grands montans. B B , les mortaifes des contre-montans.

4 & 5. Platines latérales. A A , les échancrures pour le paffage de l'arbre. B B , les trous à fixer fur les grands montans. C C , les trous à fixer fur les petits montans.

6 & 7. Platines de devant & de derriere de la boëte. A A , les piés.

8. Arbre du grand volan. A , l'arbre. B , la manivelle. C , le bouton. D D , les embâfes. E , la petite roue.

9. Arbre fimple. A , le quarré de la manivelle. B , la vis à écrou. C , la vis du grand volan. D , la vis de la grande & petite roue.

10. Manivelle. A , le quarré de l'arbre. B , le trou du bouton.

11, 12 & 13. Coupe , élévation & perfpective de la petite roue. A , l'écrou. B B , les noix.

14. Bouton de la manivelle. A , le vafe. B , le goujon pour être rivé.

15. Rondelle à écrou de l'arbre.

16. Rondelle à quarré de l'arbre.

### PLANCHE LXXXII.

*Fig.* 1. Entre-toife à vafe des montans du grand volan. A , le trou du vafe. B B , les quarrés. C C , les vis.

2 & 3. Ecrous de l'entre-toife à vafe.

4 & 5. Platines fupérieure & inférieure des mêmes montans. A A , les trous pour les tiges des montans.

6. Vafe de l'entre-toife. A , la vis. B , le vafe.

7. Entre-toife à piton des mêmes montans. A , le trou du piton. B B , les quarrés. C C , les vis.

8 & 9. Ecrous de l'entre-toife à piton.

10. Vis du piton. A , la tête à chapeau. B , la vis.

*Fig.* 11. Piton. A, le trou de la vis. B, la vis.
12. Support de l'établi. A, la console. B, la patte du haut. C C, les pattes du bas.
13. Boulon à tête. A, la tête. B, la vis.
14. Espece de vase applati du grand volan.
15 & 16. Vis du vase du grand volan. A, la tête. B, la vis.
17 & 18. Especes d'anneaux de cuivre ou autre métal placé au bouton de la manivelle.
19 & 20. Vis en bois à tête ronde du support de l'établi. A, la tête. B, la vis en bois.

## PLANCHE LXXXIII.

*Fig.* 1. Pédale faisant mouvoir la manivelle du volan qui donne le mouvement au tour. A, la pédale de bois. B, le bouton du tirage. C, la pédale de fer. D, le pivot. E E, espece de poupées ou supports à pivots. F F, les vis. G, la platine.
2. Pédale de fer. A, la platine. B B, les trous pour l'arrêter. C C, les pointes du pivot.
3. Vis à bouton du tirage. A, la vis. B, le bouton.
4. Pédale de bois. A, la pédale. B, le bouton du tirage. C C, les trous pour la fixer à la pédale de fer.
5. Platine des supports à pivots. A A, les trous des supports. B B, les trous pour la fixer au parquet.
6 & 7. Supports à pivot. A, le trou de la vis. B, le tenon.
8 & 9. Vis des supports à pivots. A, la tête. B, la vis.
10 & 11. Côté de l'armoire servant de support à l'établi. A A, les rainures des tablettes.
12. Coupe de la même armoire. A, le côté. B, le derriere. C C, les tablettes à rainure dans le côté.

## PLANCHE LXXXIV.

*Fig.* 1. Elévation latérale.
2. Elévation par devant.
3. Elévation par derriere.
4. Plan.

## PLANCHE LXXXV.

*Fig.* 1. Vue perspective d'un support à pivot portant outil à travailler. A, le plateau immobile. B, la rainure pour le fixer sur l'établi du tour. C, le plateau mobile & à pivot. D, la vis pour le fixer. E, le support à fourche. F F, les vis pour le fixer sur le plateau mobile. G, la vis pour le monter ou descendre à volonté. H, la manivelle. I, la vis de rappel pour promener l'outil. K, la coulisse de l'outil. L, la vis pour le reculer ou avancer à volonté. M, la platine du milieu formant la rainure pour la fourche.
2. Support à fourche. A A, les fourches. B, le trou de la vis. C, le support de l'outil. D, la rainure pour le passage de la vis fixant la coulisse de l'outil.
3 & 4. Platine servant de rainure aux fourches du support de l'outil. A A, les trous pour les fixer au support mobile.
5, 6, 7 & 8. Vis à tête fraisée pour fixer les platines précédentes. A, la tête. B, la vis.
9. Support mobile & à pivot. A, le plateau. B, le trou de la vis pour le fixer sur le plateau immobile. C, le trou de la vis pour élever ou baisser à volonté le support à fourche. D D, rainures des fourches du support.
10. Ecrou de la vis à monter ou descendre le support à fourches. A A, les trous pour le tourner.
11. Vis à monter ou descendre le support à fourche. A, la vis. B B, les trous pour la tourner.

*Fig.* 12. Vis à fixer le support mobile. A, la vis. B, la tête. C C, les trous pour la tourner.
13. Grand plateau immobile. A, la mortaise pour porter l'écrou de la vis à fixer le support mobile. B, le trou par où passe ladite vis.

## PLANCHE LXXXVI.

*Fig.* 1. Coulisse de l'outil du support mobile. A, l'outil. B B, les cramponets. C C, les vis pour fixer l'outil. D, la coulisse. E E, les coulisseaux. F F, les vis pour fixer les coulisseaux. G, l'écrou de la vis de renvoi. H, vis de renvoi. I, l'anneau de la vis de renvoi. K, écrou de la vis de rappel.
2 & 3. Vis à tête large pour fixer les fourches du support. A, la tête. B, la fente. C, la vis.
4. Coulisse. A, les mortaises des piés des cramponets. B, l'écrou de la vis de renvoi.
5. Vis de rappel. A, la vis. B, le tourillon. C C, les rondelles. D, l'écrou. E, la manivelle.
6 & 7. Rondelles de cuivre de la vis de rappel.
8. Vis de renvoi. A, la vis. B, la tête.
9. Vis de rappel simple. A, la vis. B, le tourillon. C, le quarré de la manivelle. D, la vis à écrou de la manivelle.
10. Manivelle de la vis de rappel. A, la clé. B, la broche.
11. Ecrou de la vis de rappel.
12 & 13. Vis à tête plate des coulisseaux de la coulisse. A, la tête. B, la vis.
14 & 15. Coulisseaux de la coulisse. A A, les chanfreins. B B, les trous des vis pour les fixer. C C, les entailles des pieces de rappel.
16. Outil. A, le tranchant.
17. Vis à fixer la coulisse en dessous sur le support à fourche. A, la tête. B, la vis.
18. Platine portant la coulisse. A, l'écrou de la vis de rappel. B B, les trous à fixer les coulisseaux. C, l'entaille pour le passage de l'écrou de la vis de renvoi.
19. Petite vis de la piece de rappel. A, la tête. B, la vis.
20. L'une des pieces de rappel des coulisseaux. A, le trou de la vis. B B, les trous pour la fixer sur la platine.
21 & 22. Cramponets de l'outil. A A, les piés. B B, les trous des vis.
23. Vis à tête ronde de l'un des cramponets. A, la tête. B, la vis.
24. Vis à tête plate de l'autre cramponet. A, la tête. B, la vis.
25. Té à fixer le support à pivot. A, le té. B, le corps à huit pans. C, la vis. D, l'écrou à tête.
26. Plan de la clé à main.
27. Clé à main. A, la clé. B, la main.
28. Touche à guillochis. A, la touche. B, le crampon. C, la vis à le fixer.

## PLANCHE LXXXVII.

*Fig.* 1. Clé des écrous à huit pans & à trous. A, la clé à huit pans. B, la clé à fourche. C, la tige.
2. Clé à vis. A, la clé. B, la queue.
3. Clé à écrous à trou. A, la clé à fourche. B, la queue.
4. Autre clé à écrous à trou. A, la fourche. B, la queue.
5. Clé à vis. A, la clé. B, la queue.
6. Clé à vis ou écrous fendus. A, la clé en hache. B, la queue.
7. Clé à fourche à charniere. A A, les branches. B, la charniere. C, la queue.
8. Petite clé à vis à tête plate. A, la clé. B, la queue.
9. Grande clé à vis à tête plate. A, la clé. B, la queue.

Le Tour à figures que nous venons de décrire est au Palais Royal, & appartient à Son Altesse Sérénissime Monseigneur le Duc d'Orléans.

Pl. I.

Tourneur, Atelier.

Luuotte del. Benard Fecit.

Pl. II.

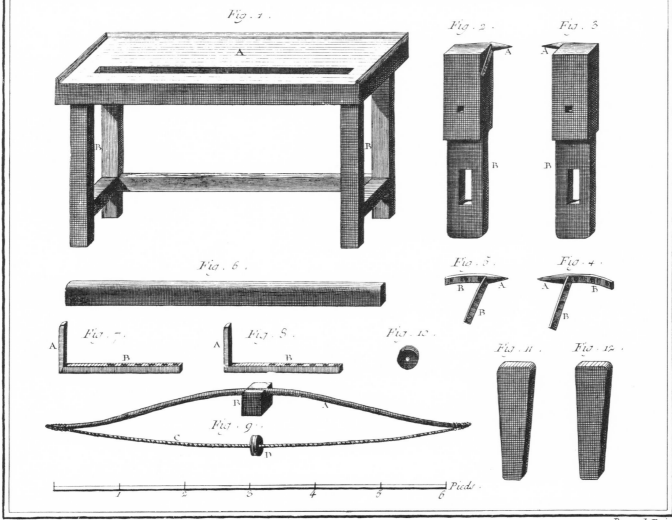

Fig. 1.

Fig. 2.    Fig. 3.

Fig. 6.

Fig. 5.    Fig. 4.

Fig. 7.    Fig. 8.    Fig. 10.

Fig. 11.    Fig. 12.

Fig. 9.

Pieds.

1    2    3    4    5    6

Lucotte Del.                    Benard Fecit.

*Tourneur*, Tour en Bois.

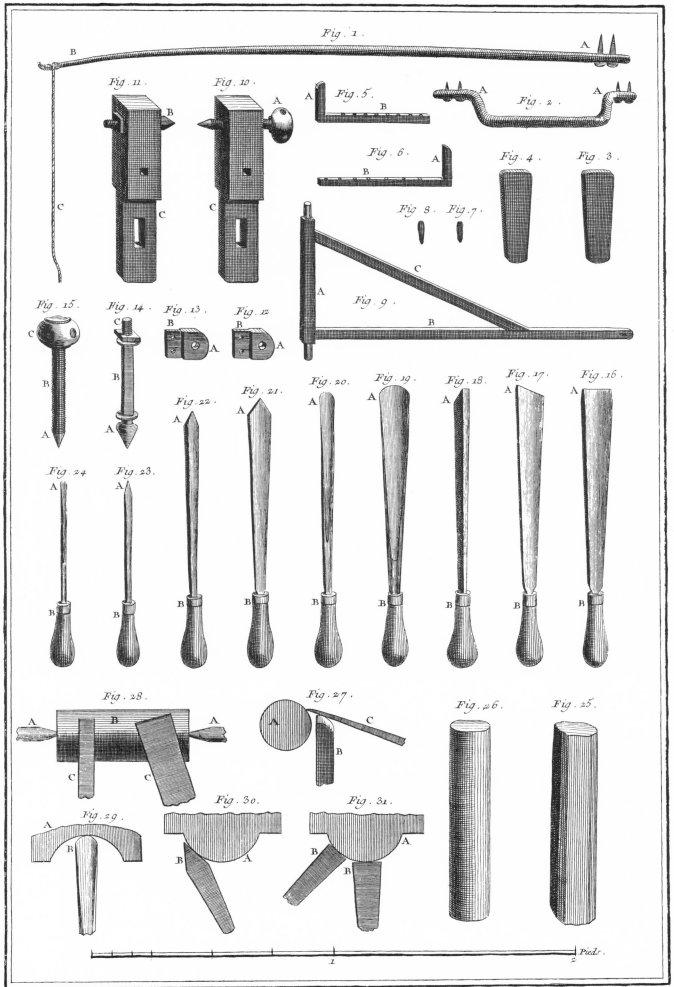

Pl. III.

Tourneur, Tour en Bois.

Pl. IV.

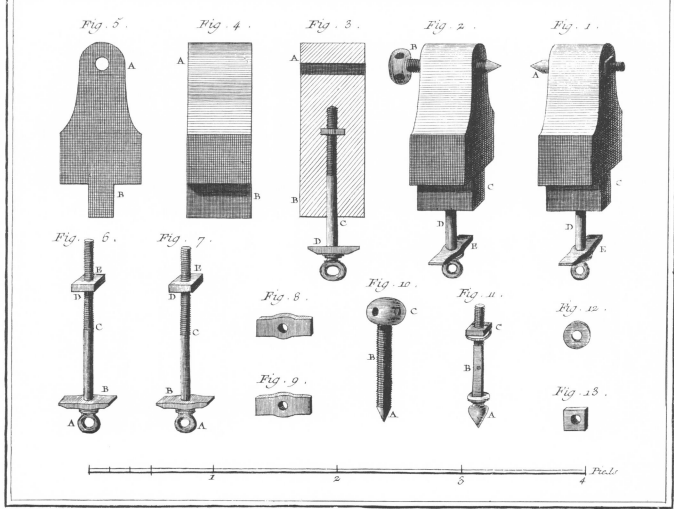

Fig. 5. Fig. 4. Fig. 3. Fig. 2. Fig. 1.

Fig. 6. Fig. 7. Fig. 8. Fig. 10. Fig. 11. Fig. 12.

Fig. 9. Fig. 13.

Piels

Lucotte Del.

Benard Fecit.

*Tourneur,* Tour en Fer.

Pl. V.

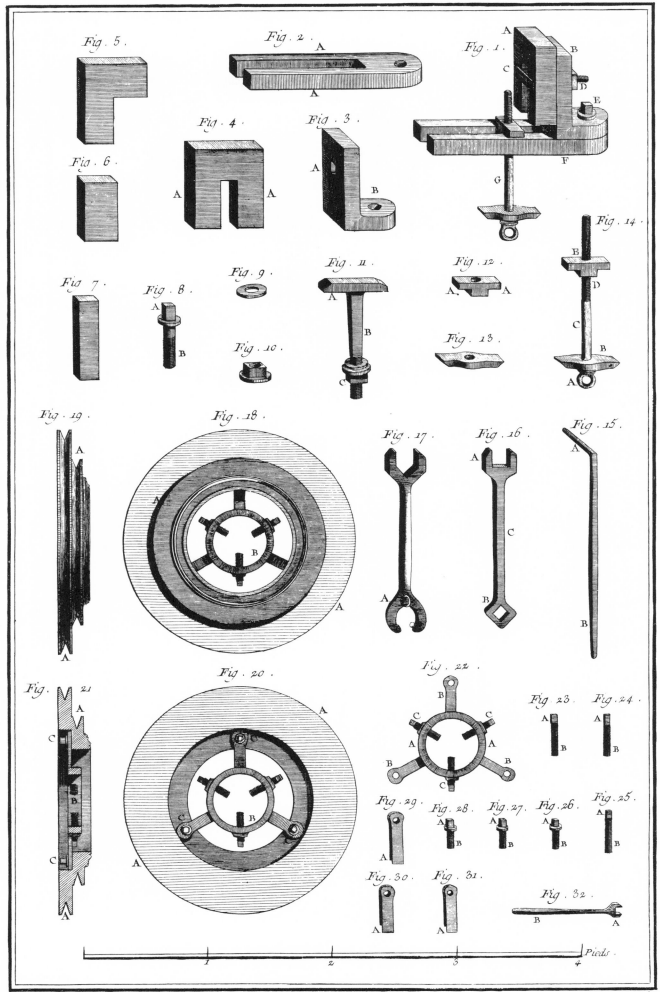

Fig. 5. Fig. 2. Fig. 1.
Fig. 4. Fig. 3.
Fig. 6.
Fig. 7. Fig. 8. Fig. 9. Fig. 11. Fig. 12. Fig. 14.
Fig. 10. Fig. 13.
Fig. 19. Fig. 18. Fig. 17. Fig. 16. Fig. 15.
Fig. 21. Fig. 20. Fig. 22. Fig. 23. Fig. 24.
Fig. 29. Fig. 28. Fig. 27. Fig. 26. Fig. 25.
Fig. 30. Fig. 31. Fig. 32.

Pieds.
1    2    3    4

Lucotte Del.

Benard Fecit.

*Tourneur*, Tour en Fer.

Pl. VI.

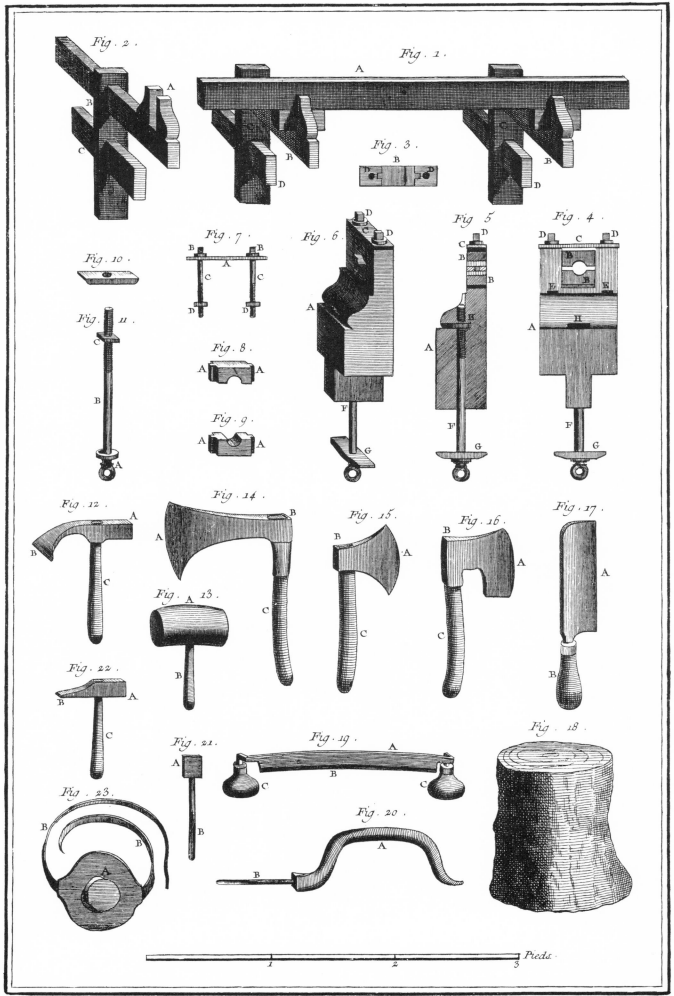

Fig. 2. Fig. 1. Fig. 3. Fig. 5. Fig. 4. Fig. 7. Fig. 6. Fig. 10. Fig. 8. Fig. 9. Fig. 11. Fig. 12. Fig. 14. Fig. 15. Fig. 16. Fig. 17. Fig. 13. Fig. 22. Fig. 21. Fig. 19. Fig. 18. Fig. 23. Fig. 20.

Pieds.

Lucotte Del.

Benard Fecit.

*Tourneur*, Tour en Bois et en Fer.

Pl. VII.

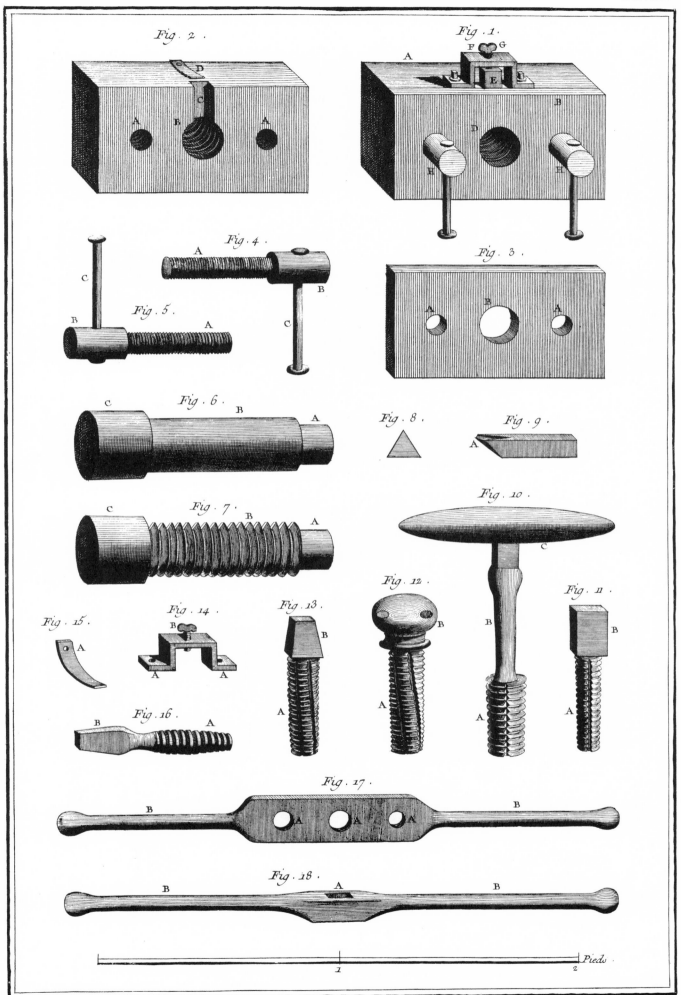

Fig. 2.
Fig. 1.
Fig. 4.
Fig. 5.
Fig. 3.
Fig. 6.
Fig. 8.
Fig. 9.
Fig. 7.
Fig. 10.
Fig. 12.
Fig. 11.
Fig. 15.
Fig. 14.
Fig. 13.
Fig. 16.
Fig. 17.
Fig. 18.

Pieds
1                2

Lucotte Del.
Benard Fecit.

*Tourneur,* Filieres et Tarots.

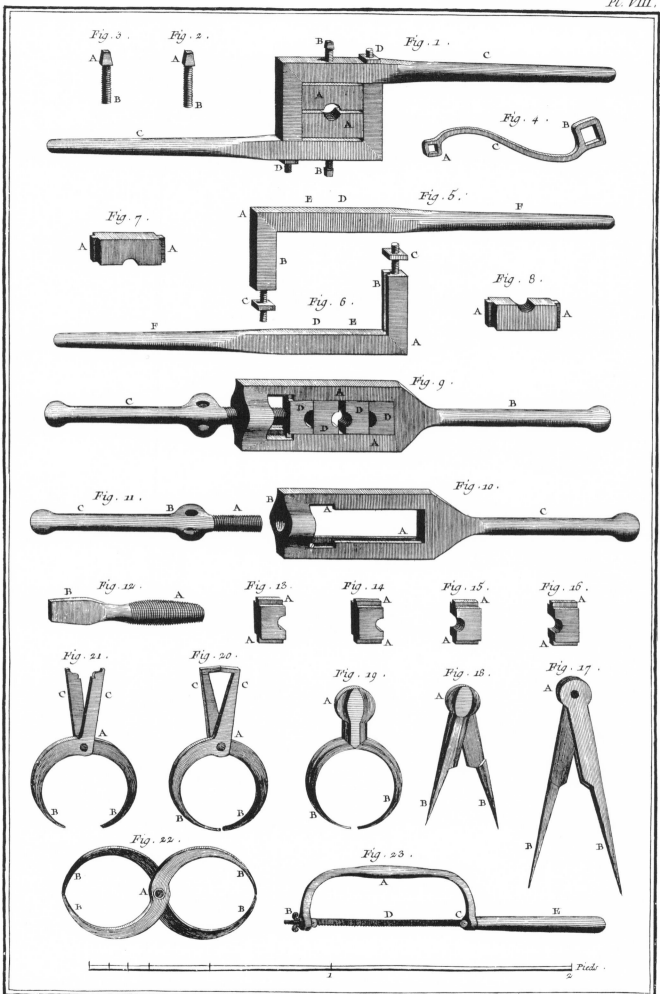

Pl. VIII.

*Tourneur*, *Filieres*, *Tarots et Compas*.

Pl. IX.

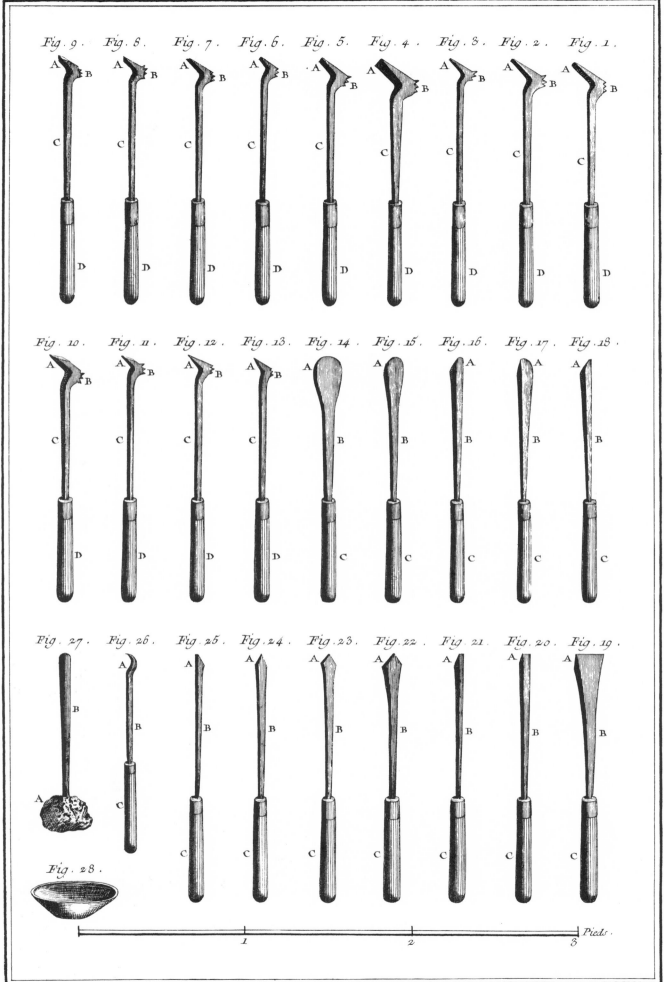

Fig. 9. Fig. 8. Fig. 7. Fig. 6. Fig. 5. Fig. 4. Fig. 3. Fig. 2. Fig. 1.

Fig. 10. Fig. 11. Fig. 12. Fig. 13. Fig. 14. Fig. 15. Fig. 16. Fig. 17. Fig. 18.

Fig. 27. Fig. 26. Fig. 25. Fig. 24. Fig. 23. Fig. 22. Fig. 21. Fig. 20. Fig. 19.

Fig. 28.

Pieds.

1 2 3

Lucotte Del.

Benard Fecit.

*Tourneur, outils.*

Pl. X.

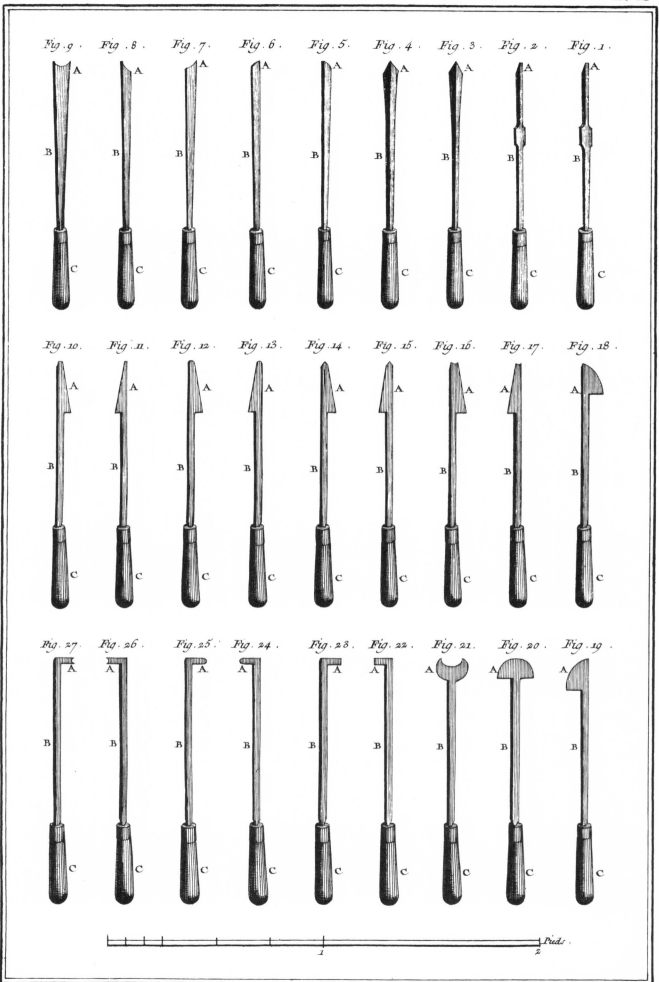

Tourneur, outils.

Lucotte Del.

Benard Fecit.

*Pl. XI.*

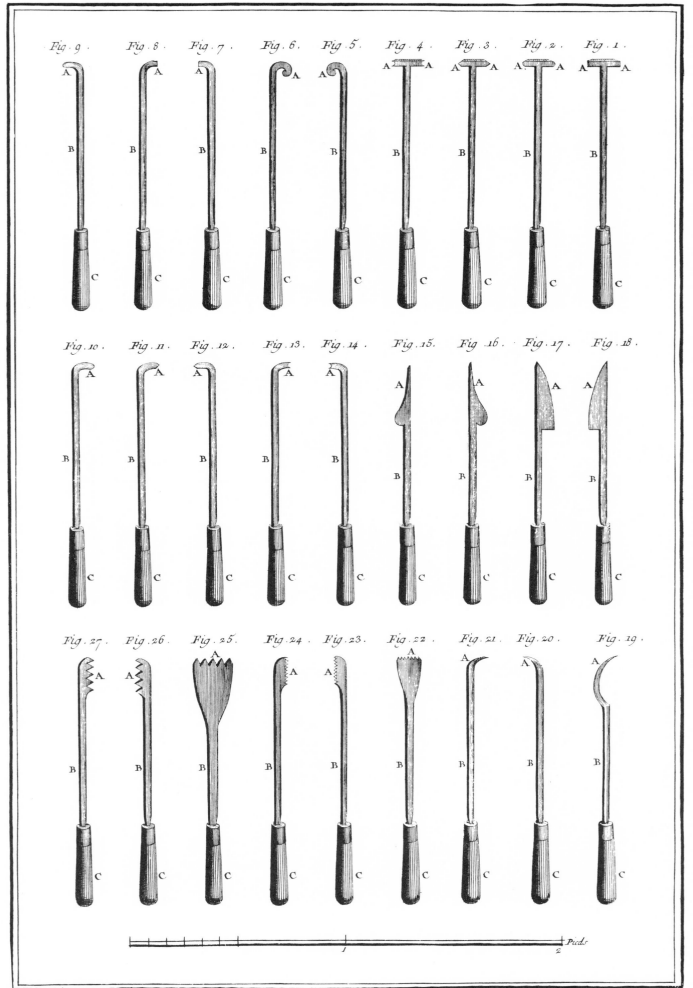

*Fig. 9.* *Fig. 8.* *Fig. 7.* *Fig. 6.* *Fig. 5.* *Fig. 4.* *Fig. 3.* *Fig. 2.* *Fig. 1.*

*Fig. 10.* *Fig. 11.* *Fig. 12.* *Fig. 13.* *Fig. 14.* *Fig. 15.* *Fig. 16.* *Fig. 17.* *Fig. 18.*

*Fig. 27.* *Fig. 26.* *Fig. 25.* *Fig. 24.* *Fig. 23.* *Fig. 22.* *Fig. 21.* *Fig. 20.* *Fig. 19.*

*Picds*

Lucotte Del.

Benard Fecit.

*Tourneur, outils.*

Pl. XII.

Fig. 1.

Fig. 2.

Fig. 3.

Fig. 4.

Fig. 5.

Fig. 6.

Fig. 7.

Fig. 8.

Fig. 9.

Fig. 10.

Fig. 11.

Fig. 12.

Fig. 13.

Fig. 14.

1    2    3    4    5    6    Pieds

Lucotte Del.

Benard Fecit.

*Tourneur, Meules.*

Pl. XIII.

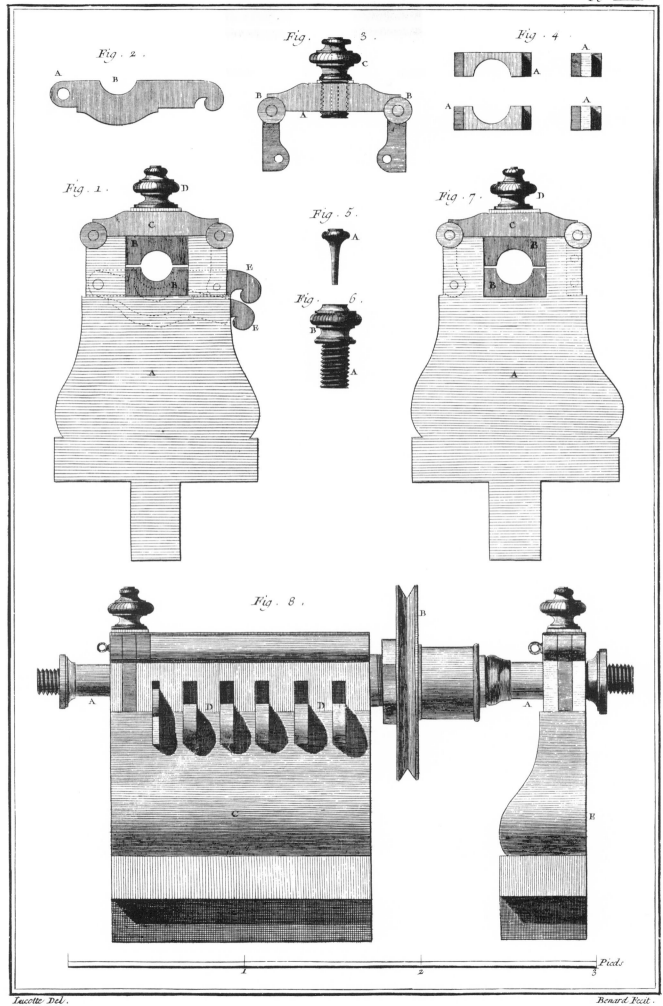

Fig. 2.

Fig. 3.

Fig. 4.

Fig. 1.

Fig. 5.

Fig. 6.

Fig. 7.

Fig. 8.

Picds

Lucotte Del.

Benard Fecit.

*Tourneur*, Tour en l'air.

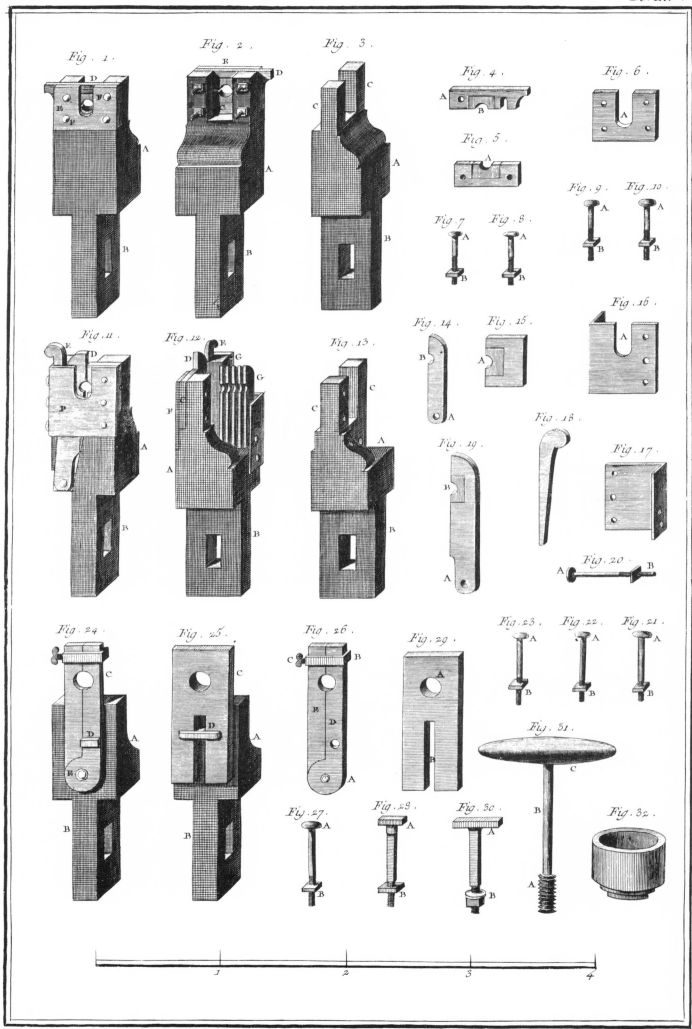

Fig. 1. Fig. 2. Fig. 3. Fig. 4. Fig. 6. Fig. 5. Fig. 7. Fig. 8. Fig. 9. Fig. 10. Fig. 11. Fig. 12. Fig. 13. Fig. 14. Fig. 15. Fig. 16. Fig. 18. Fig. 19. Fig. 17. Fig. 20. Fig. 24. Fig. 25. Fig. 26. Fig. 29. Fig. 23. Fig. 22. Fig. 21. Fig. 31. Fig. 27. Fig. 28. Fig. 30. Fig. 32.

Lucotte Del.

Benard Fecit.

*Tourneur, Poupées à Lunettes pour Tours en l'air.*

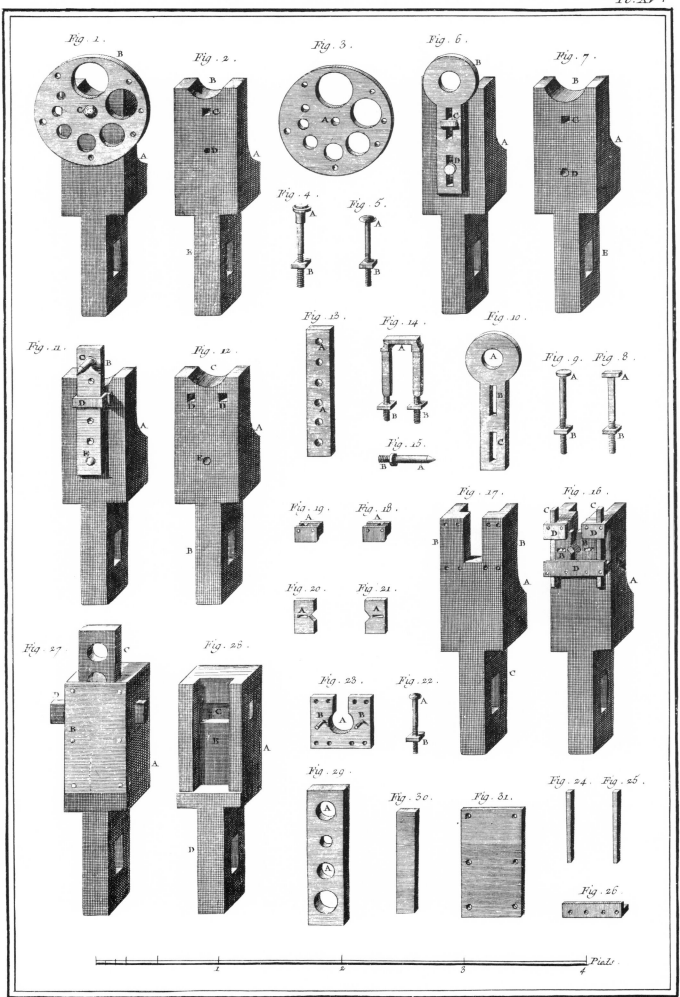

Fig. 1. Fig. 2. Fig. 3. Fig. 6. Fig. 7.

Fig. 4. Fig. 5.

Fig. 13. Fig. 14. Fig. 10. Fig. 9. Fig. 8.

Fig. 11. Fig. 12.

Fig. 15.

Fig. 19. Fig. 18. Fig. 17. Fig. 16.

Fig. 20. Fig. 21.

Fig. 27. Fig. 28.

Fig. 23. Fig. 22.

Fig. 29. Fig. 24. Fig. 25.

Fig. 30. Fig. 31.

Fig. 26.

Piets.

Lucotte Del.

Benard Fecit.

*Tourneur,* Poupées à Lunettes.

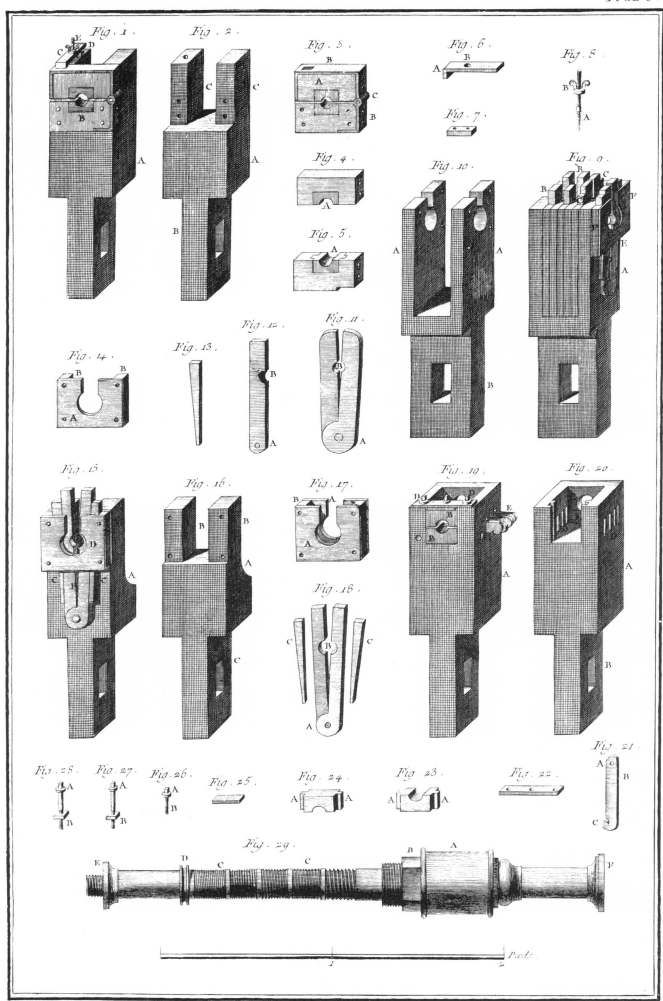

Pl. XVI.

Fig. 1. Fig. 2. Fig. 3. Fig. 6. Fig. 8.

Fig. 7.

Fig. 4. Fig. 10. Fig. 9.

Fig. 5.

Fig. 14. Fig. 13. Fig. 12. Fig. 11.

Fig. 15. Fig. 16. Fig. 17. Fig. 19. Fig. 20.

Fig. 18.

Fig. 21.

Fig. 28. Fig. 27. Fig. 26. Fig. 25. Fig. 24. Fig. 23. Fig. 22.

Fig. 29.

Pieds.

Tucotte Del.

Bernard Fecit.

*Tourneur, Poupées à lunettes.*

Pl XII.

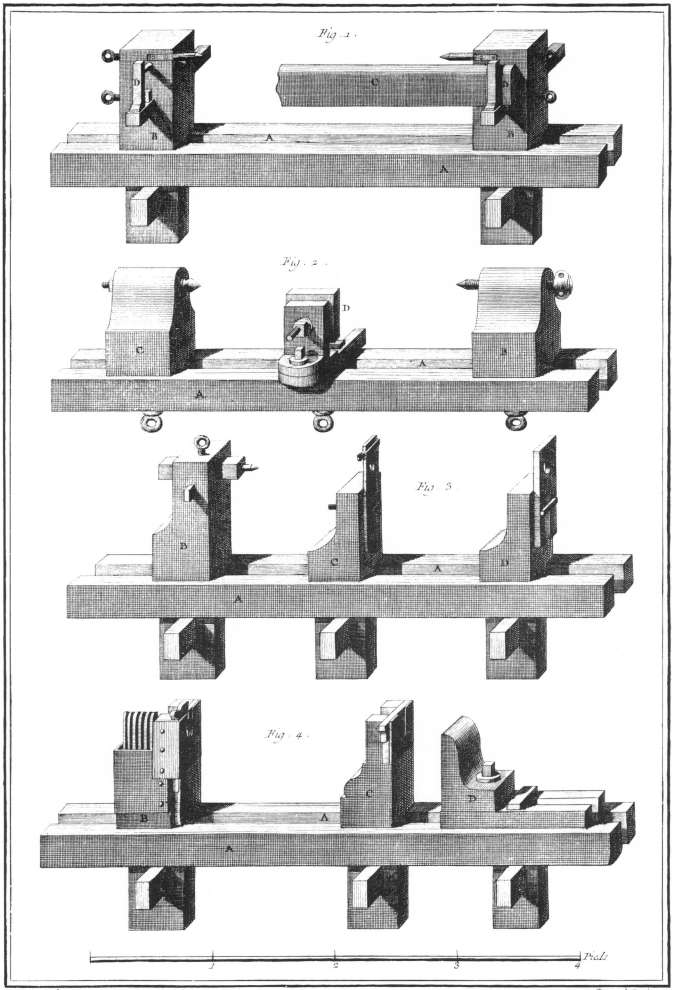

Fig. 1.

Fig. 2.

Fig. 3.

Fig. 4.

Piels

Lucotte Del.

Benard Fecit.

*Tourneur, Tours Montés.*

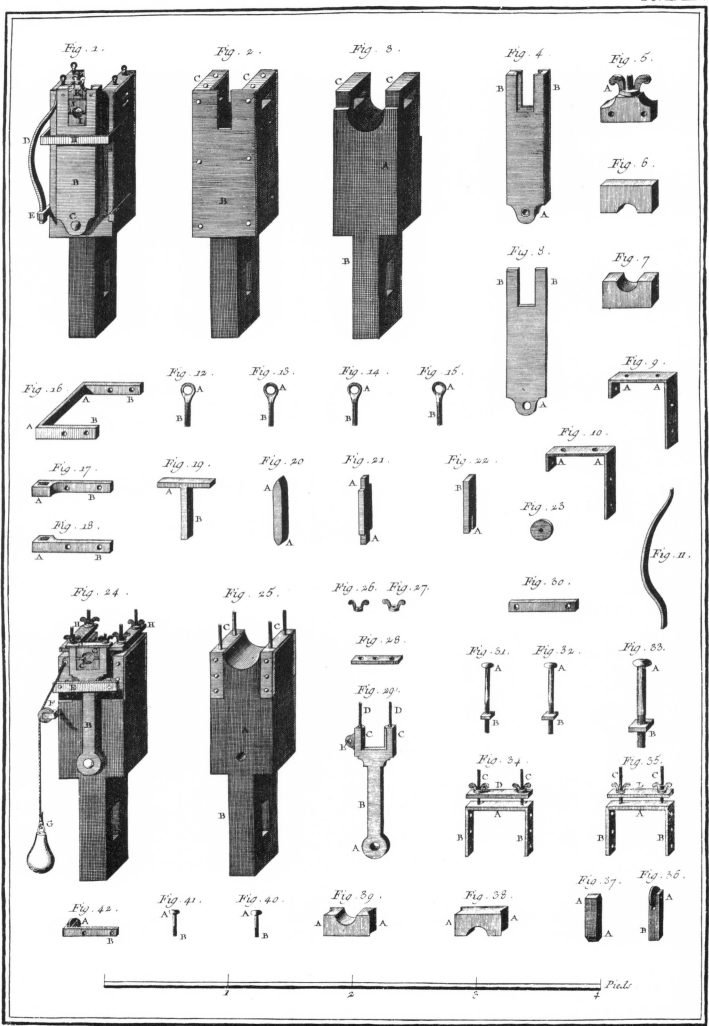

Pl. XVIII.

Lucotte Del.

Benard Fecit.

*Tourneur,* Poupées à Guillochis

Pl. XIX

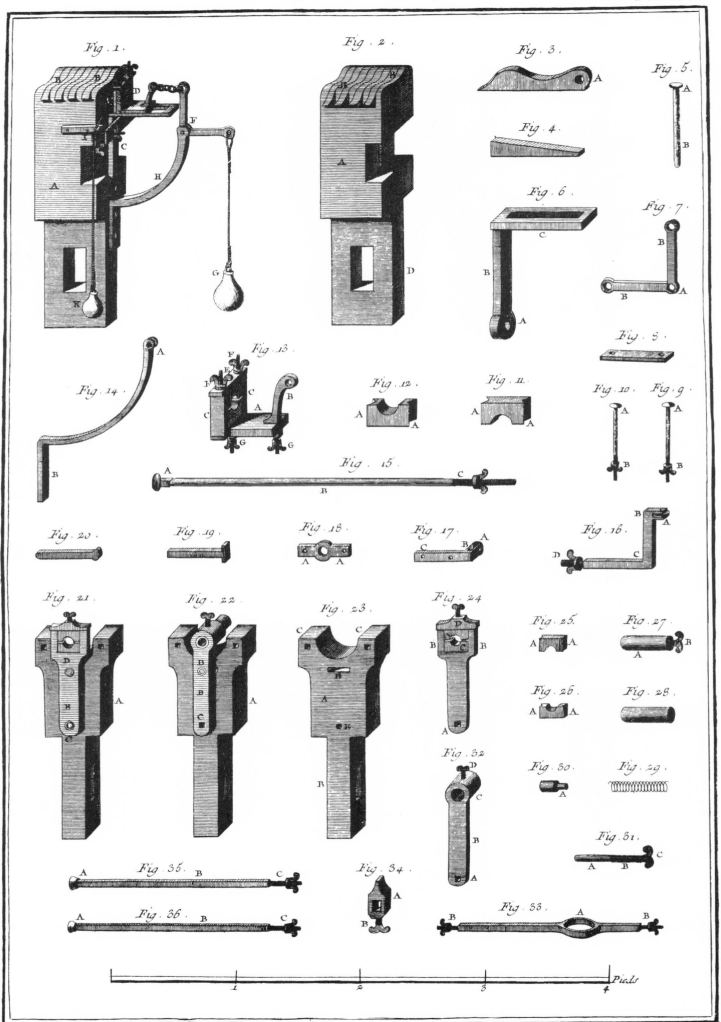

Fig. 1. Fig. 2. Fig. 3. Fig. 5. Fig. 4. Fig. 6. Fig. 7. Fig. 8. Fig. 13. Fig. 12. Fig. 11. Fig. 10. Fig. 9. Fig. 14. Fig. 15. Fig. 20. Fig. 19. Fig. 18. Fig. 17. Fig. 16. Fig. 21. Fig. 22. Fig. 23. Fig. 24. Fig. 25. Fig. 27. Fig. 26. Fig. 28. Fig. 32. Fig. 30. Fig. 29. Fig. 31. Fig. 35. Fig. 34. Fig. 36. Fig. 33.

Pials

Lucotte Del.

Benard Fecit.

*Tourneur,* Poupées à Guillochis rempans.

Pl. XX.

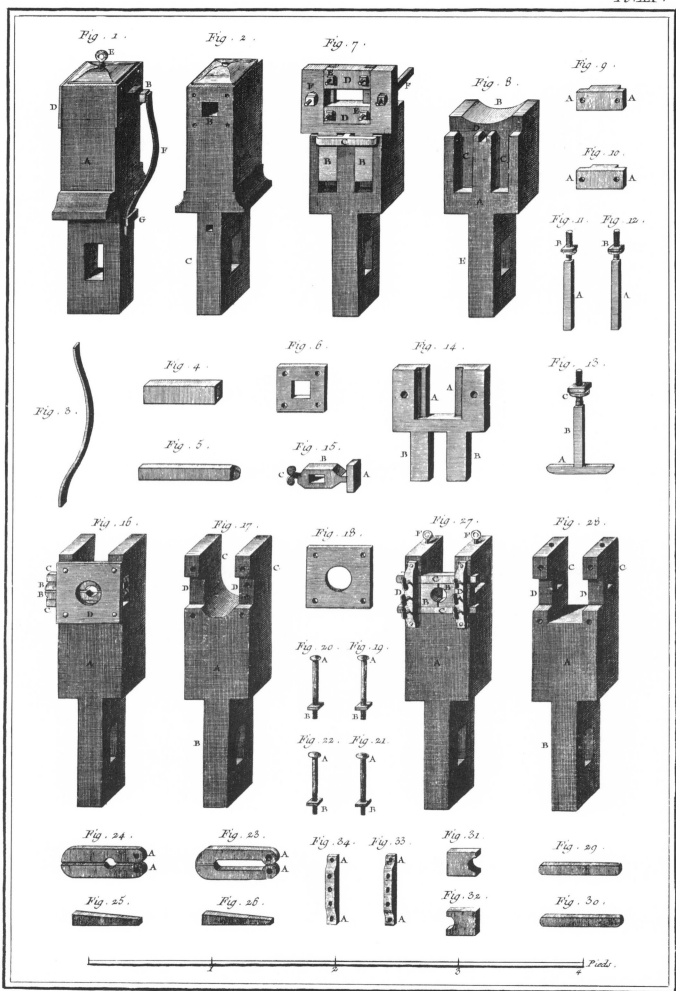

Fig. 1. Fig. 2. Fig. 7. Fig. 8. Fig. 9. Fig. 10. Fig. 11. Fig. 12.
Fig. 3. Fig. 4. Fig. 6. Fig. 14. Fig. 13. Fig. 5. Fig. 15.
Fig. 16. Fig. 17. Fig. 18. Fig. 27. Fig. 28. Fig. 20. Fig. 19. Fig. 22. Fig. 21.
Fig. 24. Fig. 23. Fig. 34. Fig. 33. Fig. 31. Fig. 29. Fig. 25. Fig. 26. Fig. 32. Fig. 30.

Pieds.

Lucotte Del.

Benard Fecit.

*Tourneur, Poupées à Guillochis rempans.*

Pl. XXI.

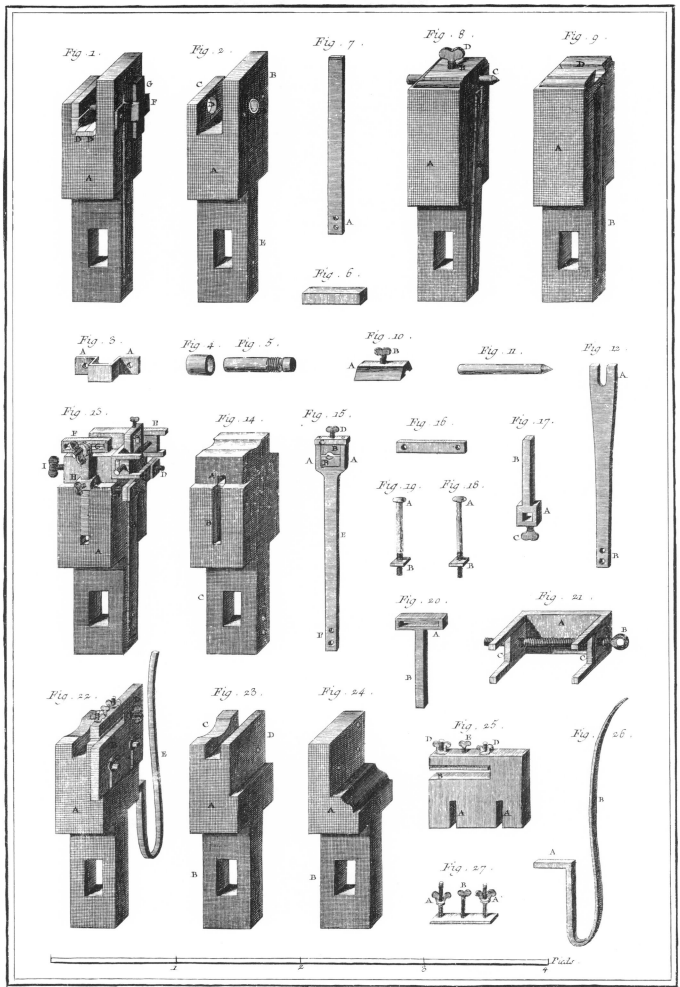

Fig. 1. Fig. 2. Fig. 7. Fig. 8. Fig. 9. Fig. 6. Fig. 3. Fig. 4. Fig. 5. Fig. 10. Fig. 11. Fig. 12. Fig. 13. Fig. 14. Fig. 15. Fig. 16. Fig. 17. Fig. 19. Fig. 18. Fig. 20. Fig. 21. Fig. 22. Fig. 23. Fig. 24. Fig. 25. Fig. 26. Fig. 27.

*Pieds*

Lucotte Del.

Benard Fecit.

*Tourneur, Poupées à Guillochis rampans.*

Pl. XXII.

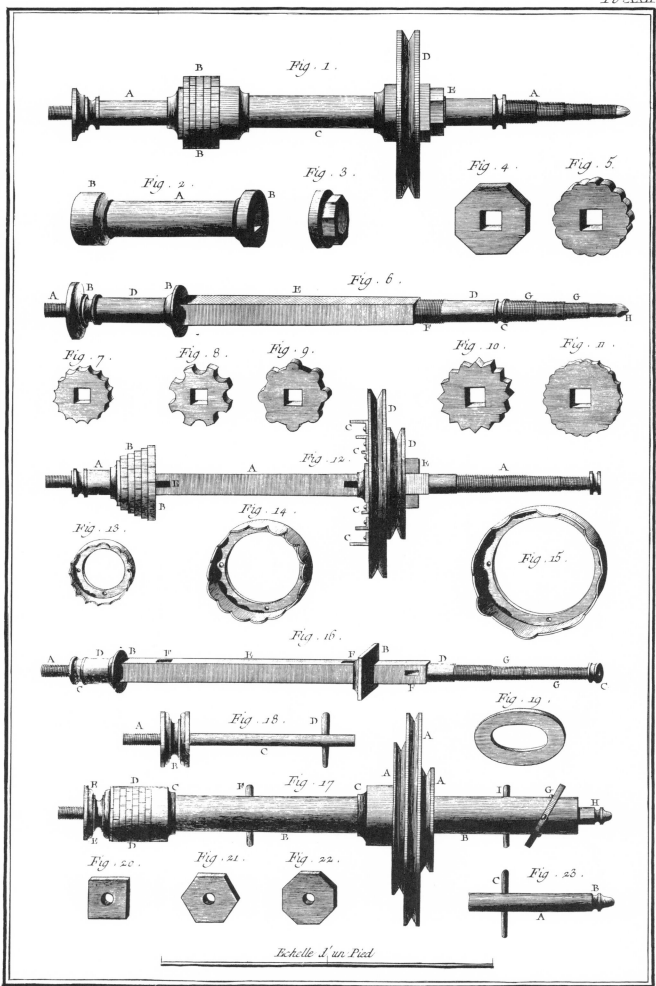

Fig. 1.

Fig. 2. Fig. 3. Fig. 4. Fig. 5.

Fig. 6.

Fig. 7. Fig. 8. Fig. 9. Fig. 10. Fig. 11.

Fig. 12.

Fig. 13. Fig. 14. Fig. 15.

Fig. 16.

Fig. 18. Fig. 19.

Fig. 17.

Fig. 20. Fig. 21. Fig. 22. Fig. 23.

Echelle d'un Pied.

Tuicotte Del.

Benard Fecit.

Tourneur, Arbre et dépendances.

Pl. XXIII.

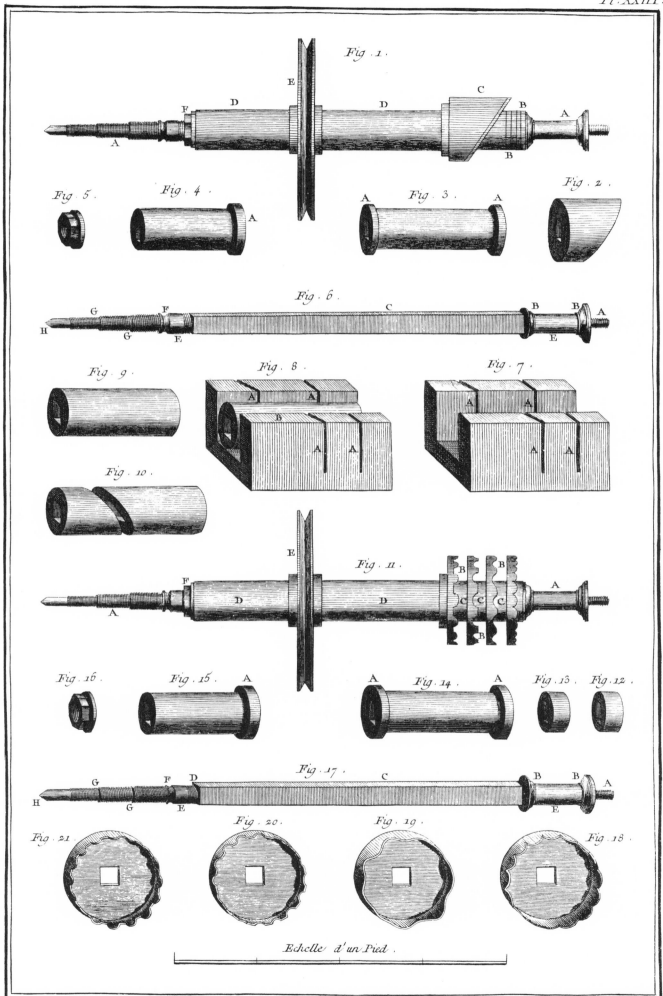

Fig. 1.

Fig. 5. Fig. 4. Fig. 3. Fig. 2.

Fig. 6.

Fig. 9. Fig. 8. Fig. 7.

Fig. 10.

Fig. 11.

Fig. 16. Fig. 15. Fig. 14. Fig. 13. Fig. 12.

Fig. 17.

Fig. 21. Fig. 20. Fig. 19. Fig. 18.

Echelle d'un Pied.

Lucotte Del.

Benard Fecit.

*Tourneur*, Arbre et dépendances.

Pl. XXIV.

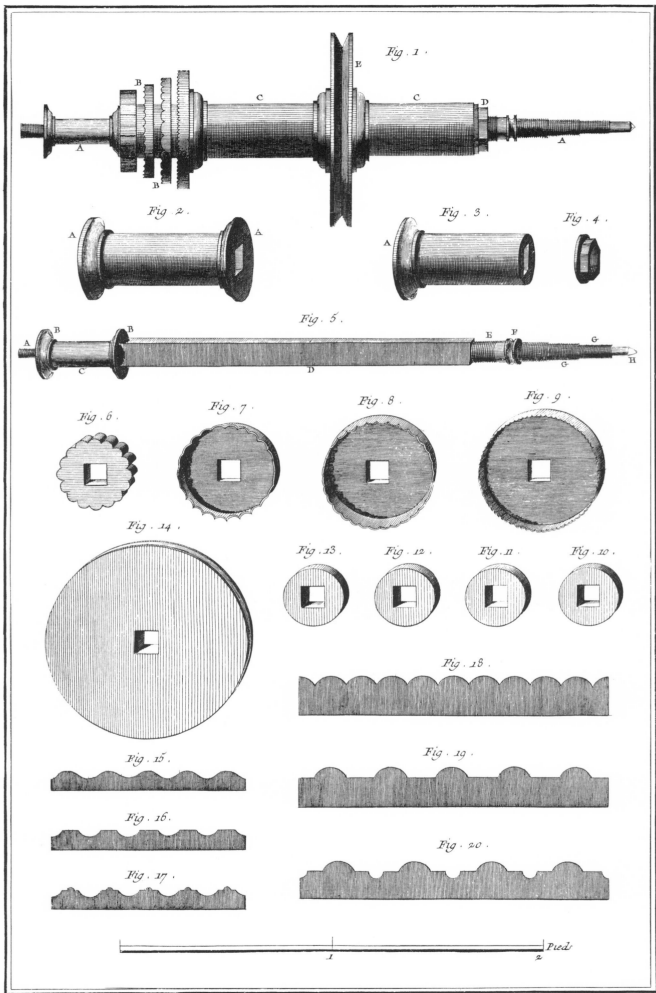

Fig. 1.

Fig. 2.  Fig. 3.  Fig. 4.

Fig. 5.

Fig. 6.  Fig. 7.  Fig. 8.  Fig. 9.

Fig. 14.

Fig. 13.  Fig. 12.  Fig. 11.  Fig. 10.

Fig. 18.

Fig. 15.  Fig. 19.

Fig. 16.

Fig. 17.  Fig. 20.

Pieds

Lacotte Del.  Benard Fecit.

*Tourneur*, Arbre et dépendances.

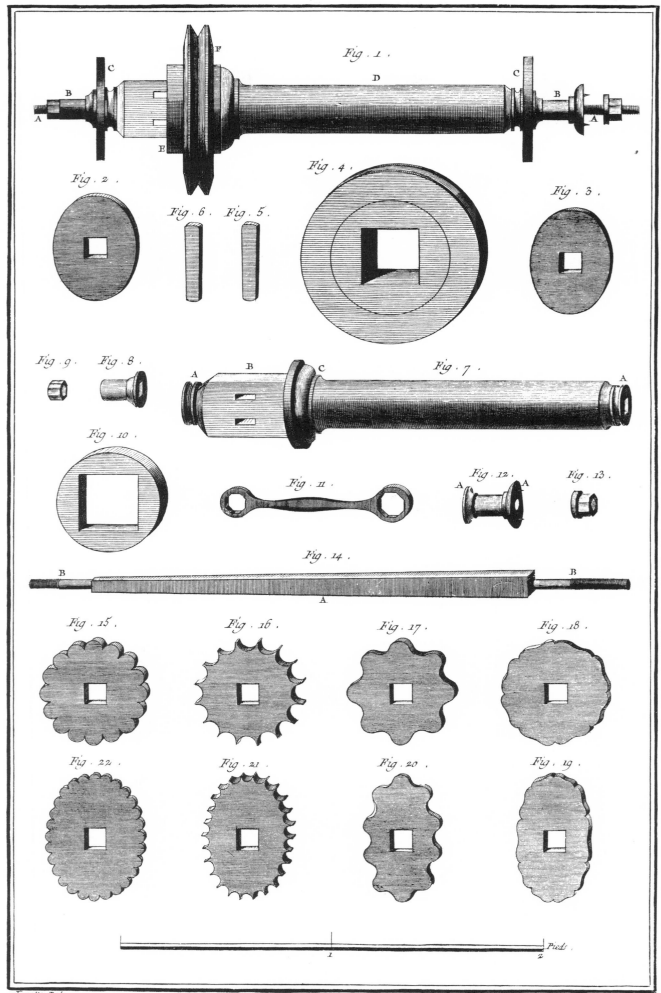

Pl. XXV.

Fig. 1.

Fig. 2.

Fig. 6. Fig. 5.

Fig. 4.

Fig. 3.

Fig. 9. Fig. 8.

Fig. 7.

Fig. 10.

Fig. 11.

Fig. 12.

Fig. 13.

Fig. 14.

Fig. 15.

Fig. 16.

Fig. 17.

Fig. 18.

Fig. 22.

Fig. 21.

Fig. 20.

Fig. 19.

Pieds.

Lucotte Del.

Benard Fecit.

*Tourneur, Arbre et dépendances.*

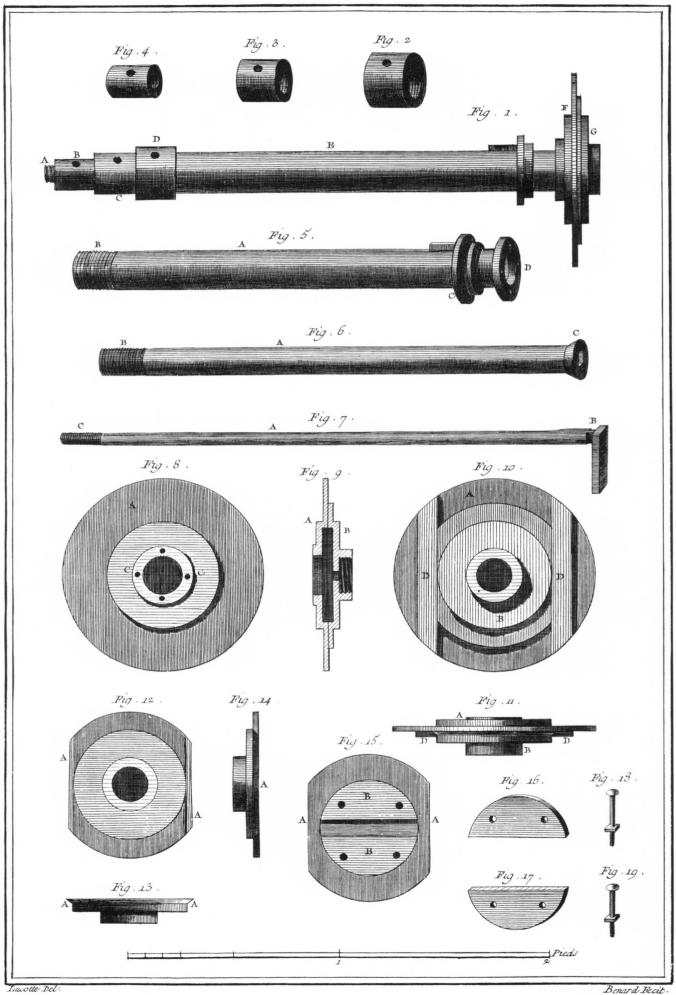

Pl. XXVI.

Fig. 4.

Fig. 3.

Fig. 2.

Fig. 1.

F

G

B

D

A

E

C

Fig. 5.

B

A

D

C

Fig. 6.

B

A

C

Fig. 7.

C

A

B

Fig. 8.

A

C

C

Fig. 9.

A

B

A

Fig. 10.

A

D

D

B

Fig. 12.

A

A

Fig. 14.

A

Fig. 11.

A

D

D

B

Fig. 15.

A

B

A

B

Fig. 16.

Fig. 18.

Fig. 13.

A

A

Fig. 17.

Fig. 19.

Pieds

1

2

Lucotte Del.

Benard Fecit.

*Tourneur,* Arbres pour les Tours Ovals.

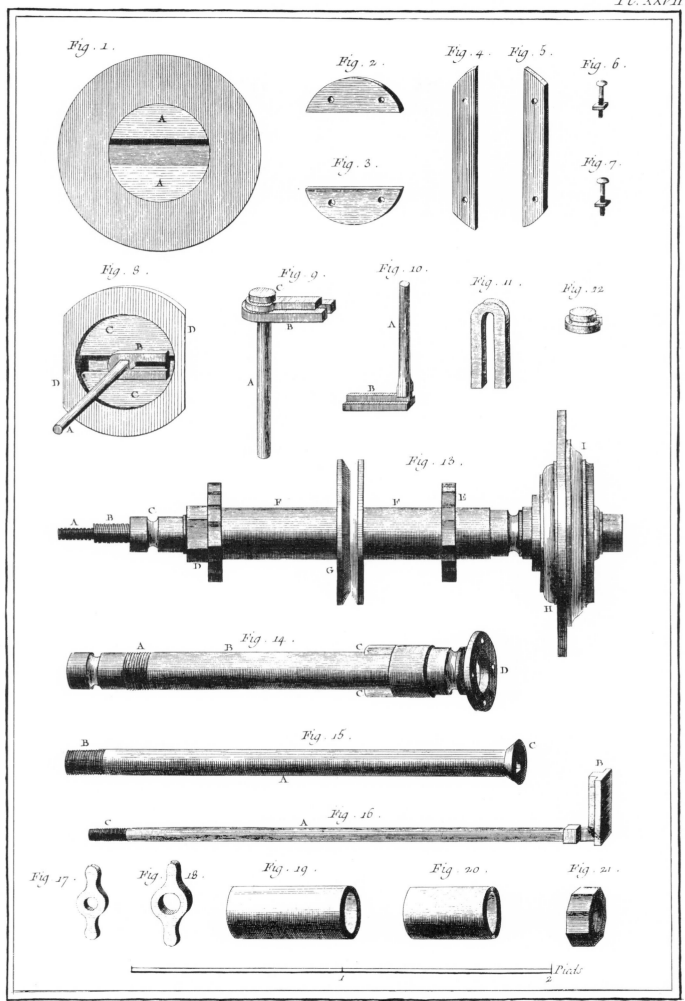

*Pl. XXVII.*

*Fig. 1.*    *Fig. 2.*    *Fig. 4.*    *Fig. 5.*    *Fig. 6.*

*Fig. 3.*    *Fig. 7.*

*Fig. 8.*    *Fig. 9.*    *Fig. 10.*    *Fig. 11.*    *Fig. 12.*

*Fig. 13.*

*Fig. 14.*

*Fig. 15.*

*Fig. 16.*

*Fig. 17.*    *Fig. 18.*    *Fig. 19.*    *Fig. 20.*    *Fig. 21.*

*Pieds*

Lucotte Del.

Benard Fecit.

*Tourneur, Arbres pour les Tours ovals.*

Pl. XXVIII.

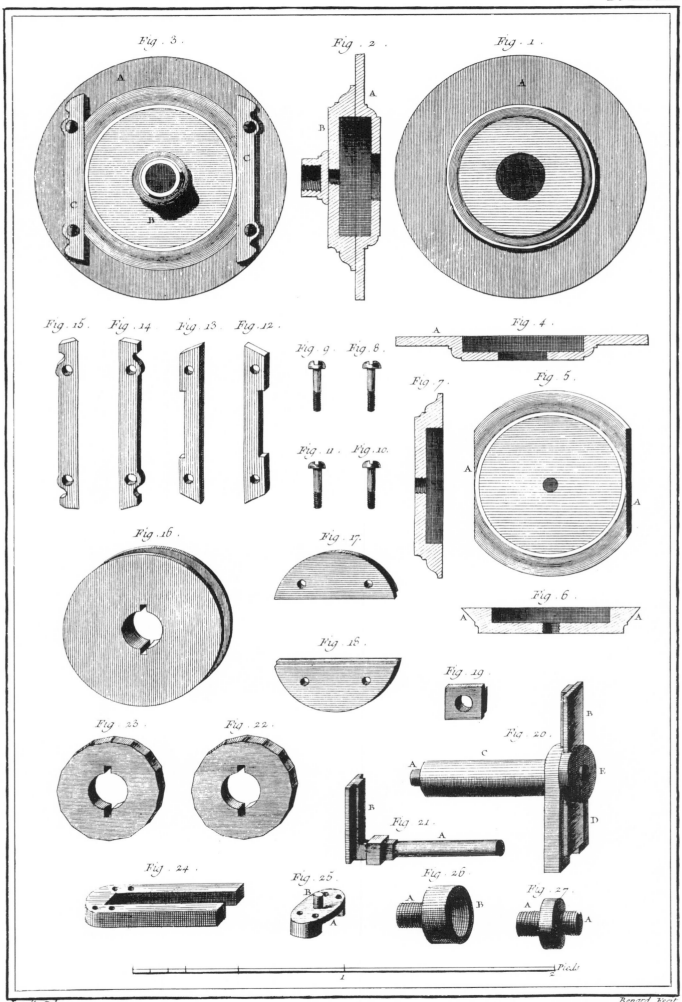

Fig. 3. Fig. 2. Fig. 1. Fig. 15. Fig. 14. Fig. 13. Fig. 12. Fig. 9. Fig. 8. Fig. 4. Fig. 7. Fig. 5. Fig. 11. Fig. 10. Fig. 16. Fig. 17. Fig. 6. Fig. 18. Fig. 19. Fig. 20. Fig. 23. Fig. 22. Fig. 21. Fig. 24. Fig. 25. Fig. 26. Fig. 27.

Piels

Tucelte Del.

Benard Fecit.

*Tourneur, Arbres pour les Tours Ovals.*

Pl. XXIX.

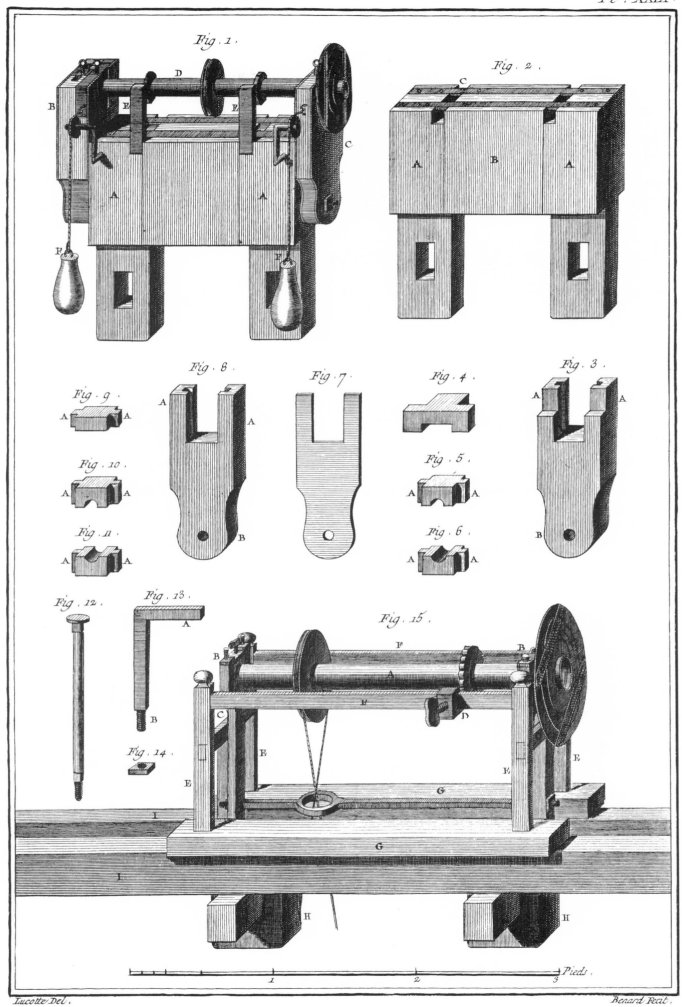

Fig. 1.

Fig. 2.

Fig. 8.

Fig. 9.

Fig. 7.

Fig. 4.

Fig. 3.

Fig. 10.

Fig. 5.

Fig. 11.

Fig. 6.

Fig. 12.

Fig. 13.

Fig. 15.

Fig. 14.

Pieds.

1          2          3

Lucotte Del.

Benard Fecit.

*Tourneur, Machines à Ovales.*

Pl. XXX.

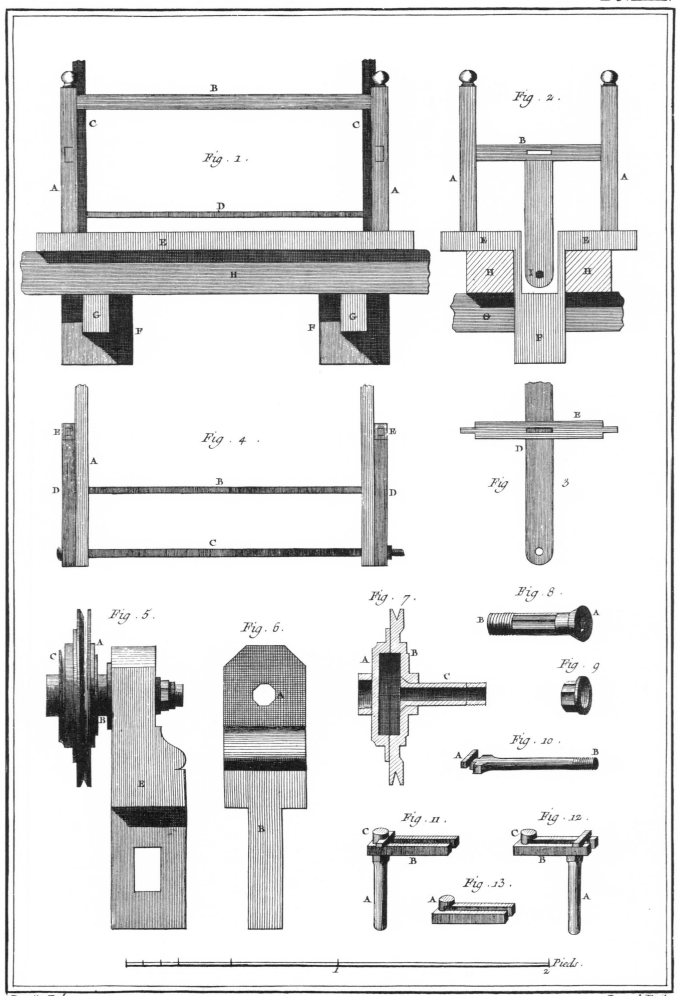

Lucotte Del.

Benard Fecit.

*Tourneur*, Machine a Ovales figurées.

Pl. XXXI.

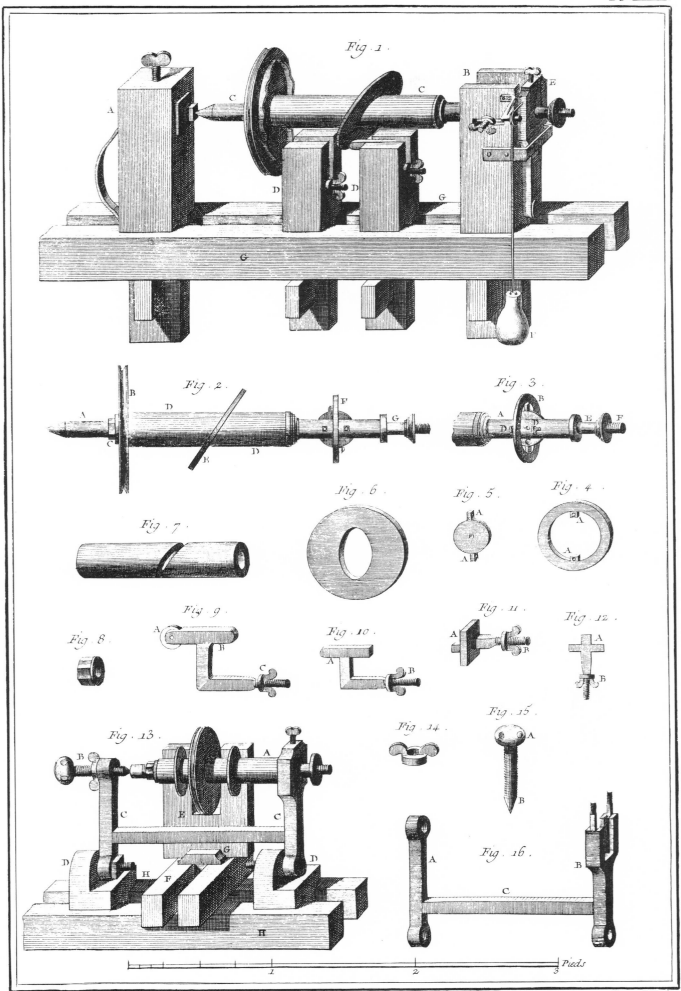

Fig. 1.

Fig. 2.

Fig. 3.

Fig. 6.

Fig. 5.

Fig. 4.

Fig. 7.

Fig. 9.

Fig. 10.

Fig. 11.

Fig. 12.

Fig. 8.

Fig. 13.

Fig. 14.

Fig. 15.

Fig. 16.

Pieds

1          2          3

*Tourneur,* Machines à Ovales.

Pl. XXXII.

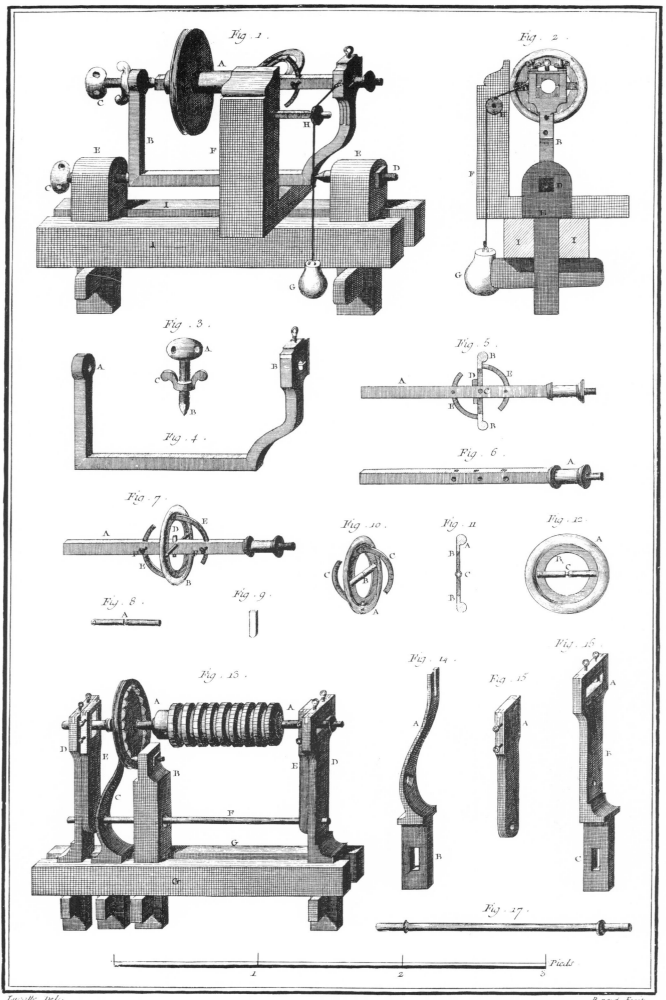

Fig. 1.

Fig. 2.

Fig. 3.

Fig. 4.

Fig. 5.

Fig. 6.

Fig. 7.

Fig. 8.

Fig. 9.

Fig. 10.

Fig. 11.

Fig. 12.

Fig. 13.

Fig. 14.

Fig. 15.

Fig. 16.

Fig. 17.

Pieds

Lucotte Del.

Benard Fecit.

*Tourneur, Machines à Ovales.*

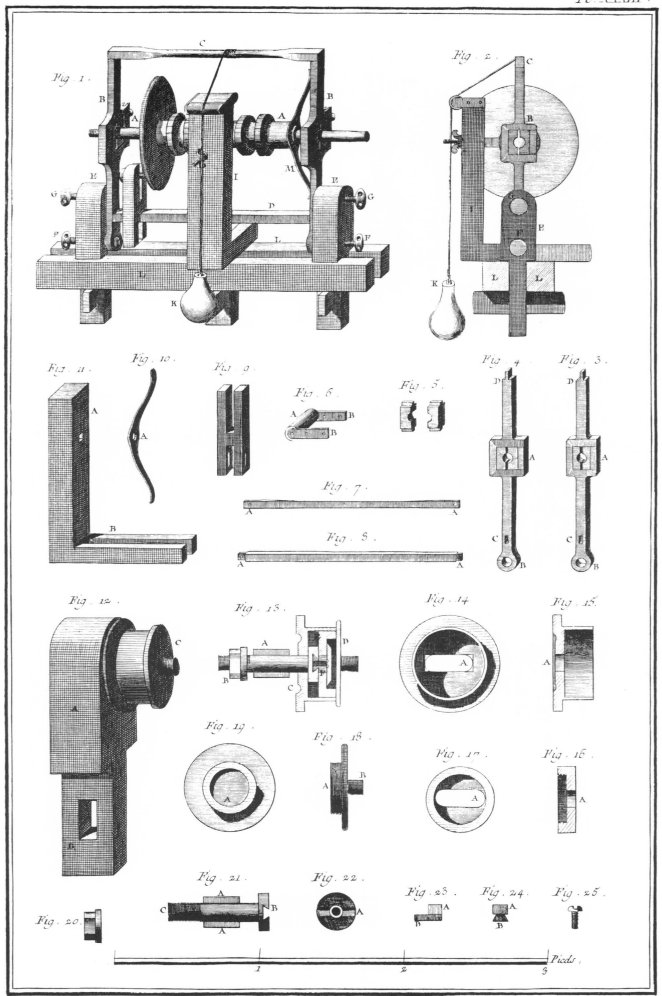

Pl. XLVII.

Lucotte Del.

Benard Fecit.

*Tourneur, Tour 'a Chaßis et Boete Tabarine.*

Pl. XXXIV.

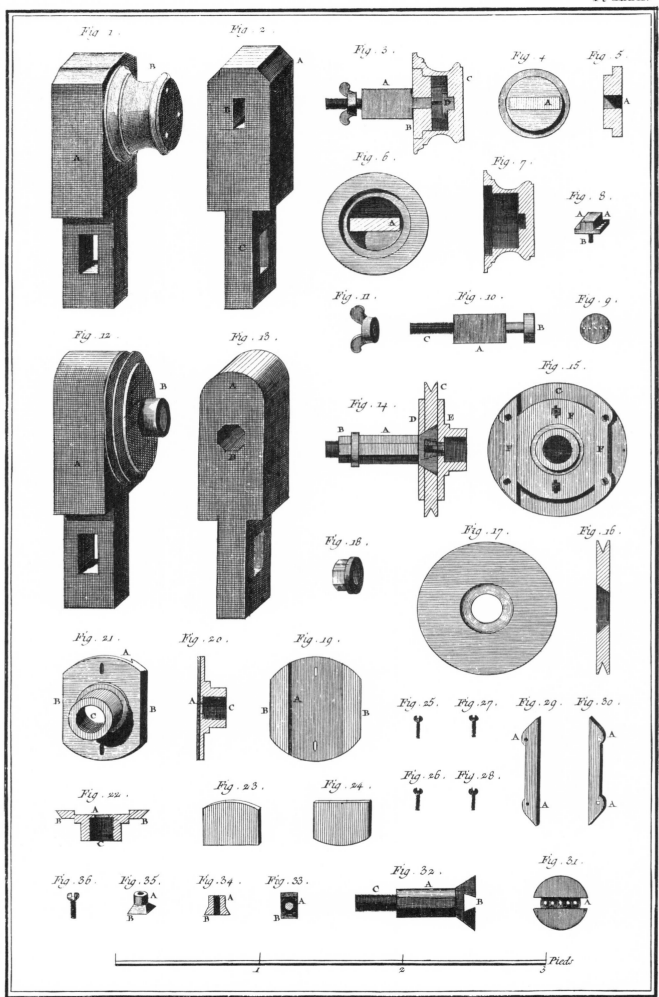

*Tourneur*, *Boetes Tabarines*.

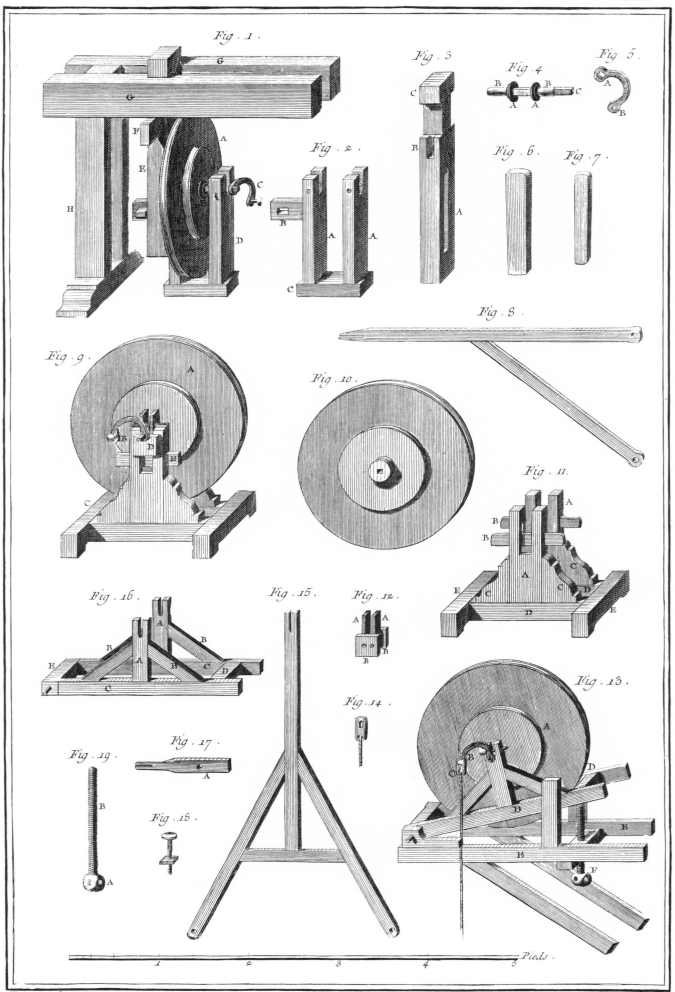

Pl. XXXV.

Fig. 1.

Fig. 3.

Fig. 4.

Fig. 5.

Fig. 2.

Fig. 6.

Fig. 7.

Fig. 8.

Fig. 9.

Fig. 10.

Fig. 11.

Fig. 16.

Fig. 15.

Fig. 12.

Fig. 13.

Fig. 14.

Fig. 17.

Fig. 19.

Fig. 18.

Piels.

1     2     3     4     5

Lucotte Del.

Benard Fecit.

Tourneur, Roues

Pl. XXXVI

*Fig. 1.*

*Fig. 2.*

Lucotte Del.

Benard Fecit.

*Tourneur*, Tour à Guillocher à Roüe

Pl. XXXVII.

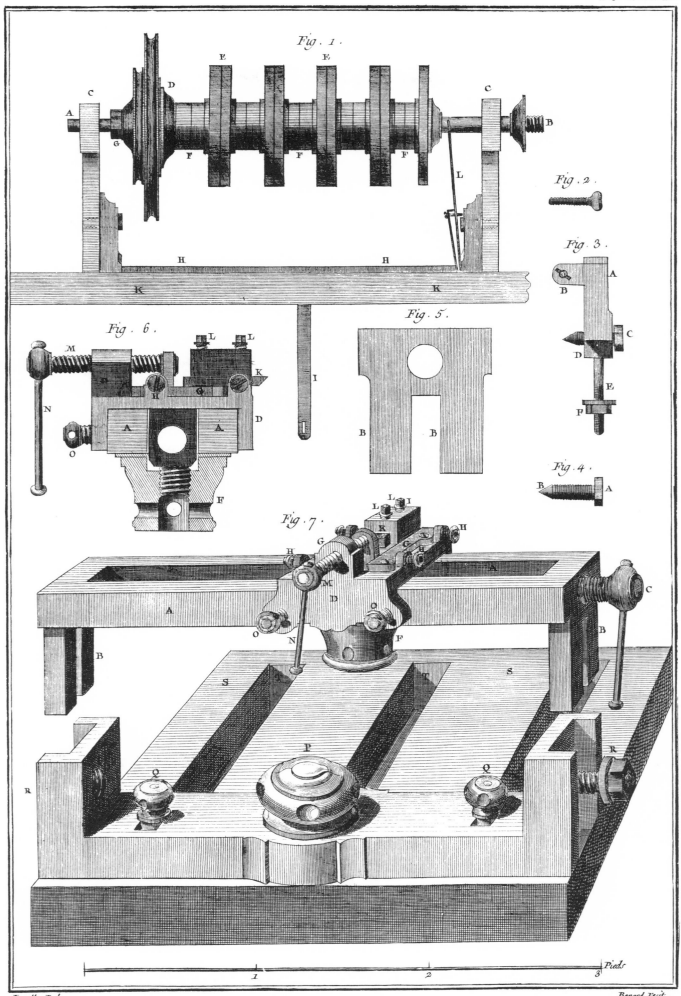

Fig. 1.

Fig. 2.

Fig. 3.

Fig. 6.

Fig. 5.

Fig. 4.

Fig. 7.

Pieds

1          2          3

*Lucotte Del.*

*Benard Fecit.*

*Tourneur*, *Tour à Guillocher et Suports Composés.*

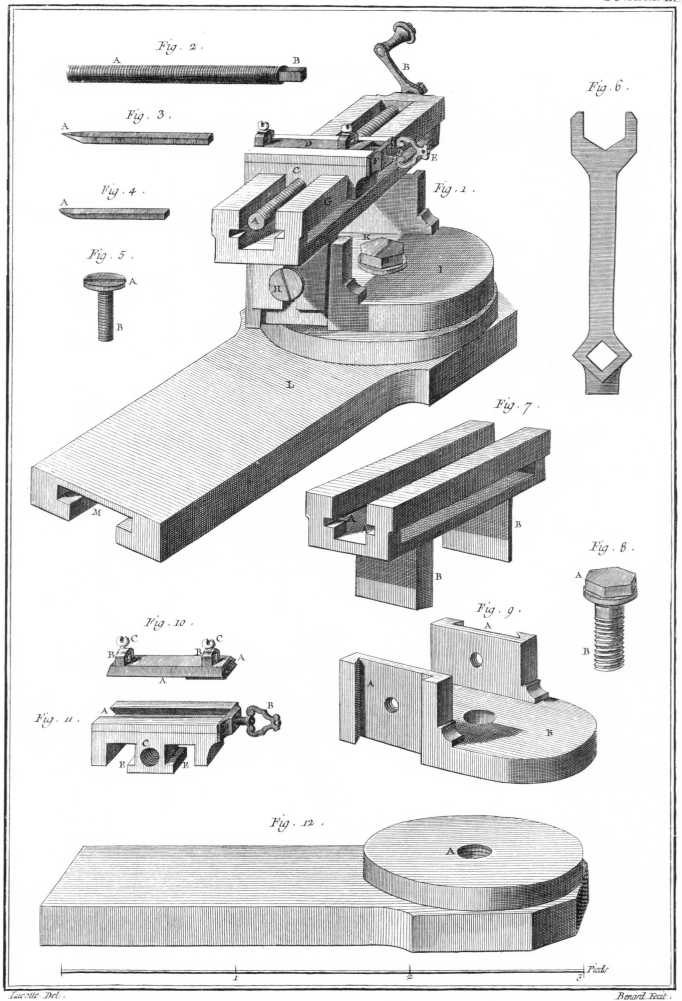

Pl. XXXIIII.

Fig. 2.

Fig. 3.

Fig. 4.

Fig. 5.

Fig. 1.

Fig. 6.

Fig. 7.

Fig. 8.

Fig. 9.

Fig. 10.

Fig. 11.

Fig. 12.

Pieds

*Tourneur, Suports Composés.*

Pl. XXXIX.

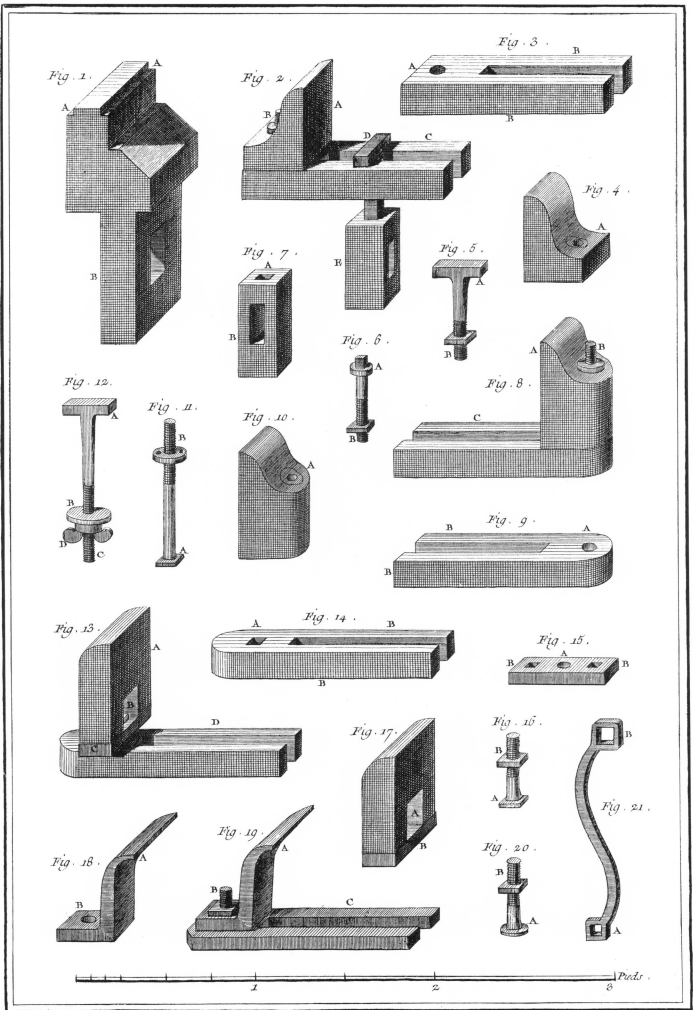

Fig. 1. Fig. 2. Fig. 3. Fig. 4. Fig. 5. Fig. 6. Fig. 7. Fig. 8. Fig. 9. Fig. 10. Fig. 11. Fig. 12. Fig. 13. Fig. 14. Fig. 15. Fig. 16. Fig. 17. Fig. 18. Fig. 19. Fig. 20. Fig. 21.

Pieds.

Lucotte Del.

Benard Fecit.

*Tourneur, Suports Simples.*

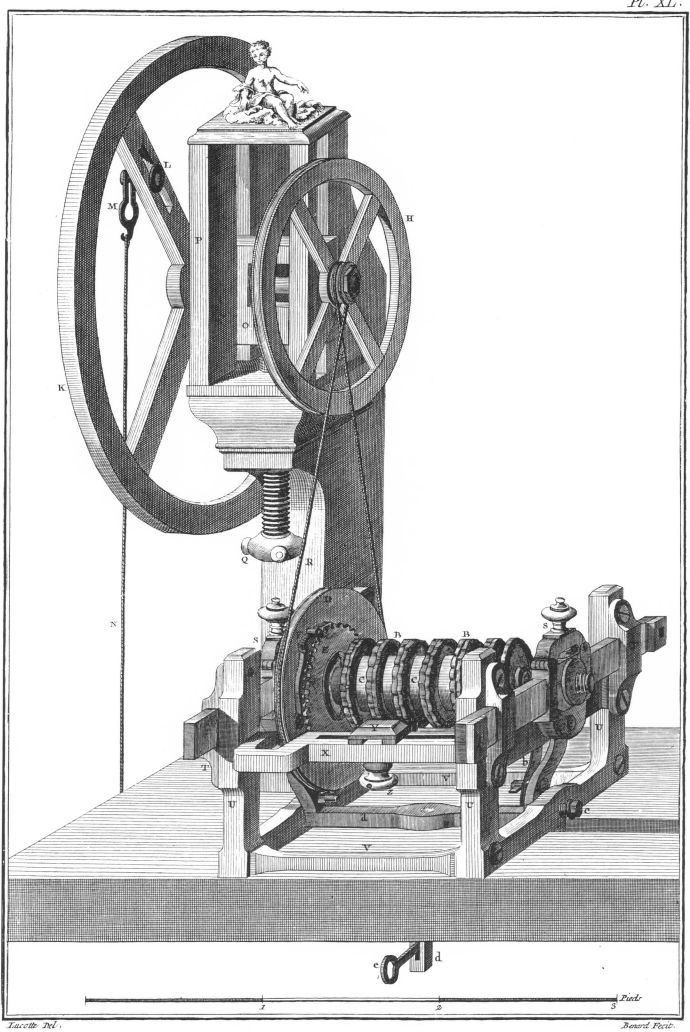

Pl. XL.

Lucotte Del.

Benard Fecit.

*Tourneur,* Tour à Guillocher à Roüe.

*Pl. XI.*

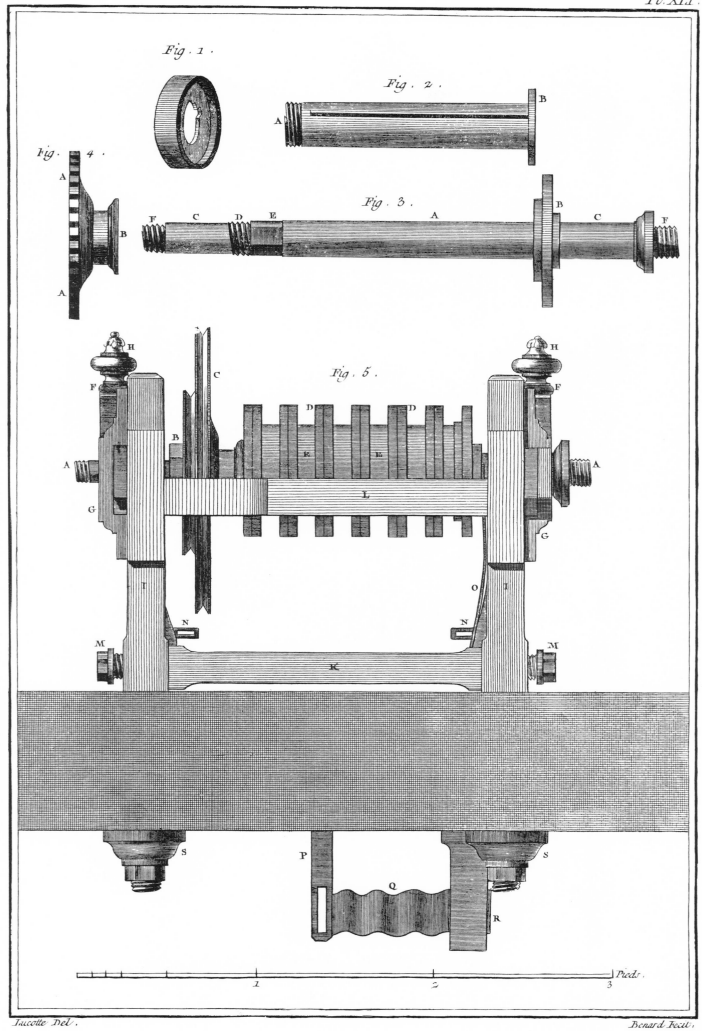

*Fig. 1.*

*Fig. 2.*

*Fig. 4.*

*Fig. 3.*

*Fig. 5.*

*Pieds.*

1      2      3

Lucotte Del.

Benard Fecit.

*Tourneur*, Détails du Tour à Guillocher à Roue

Pl. XLII.

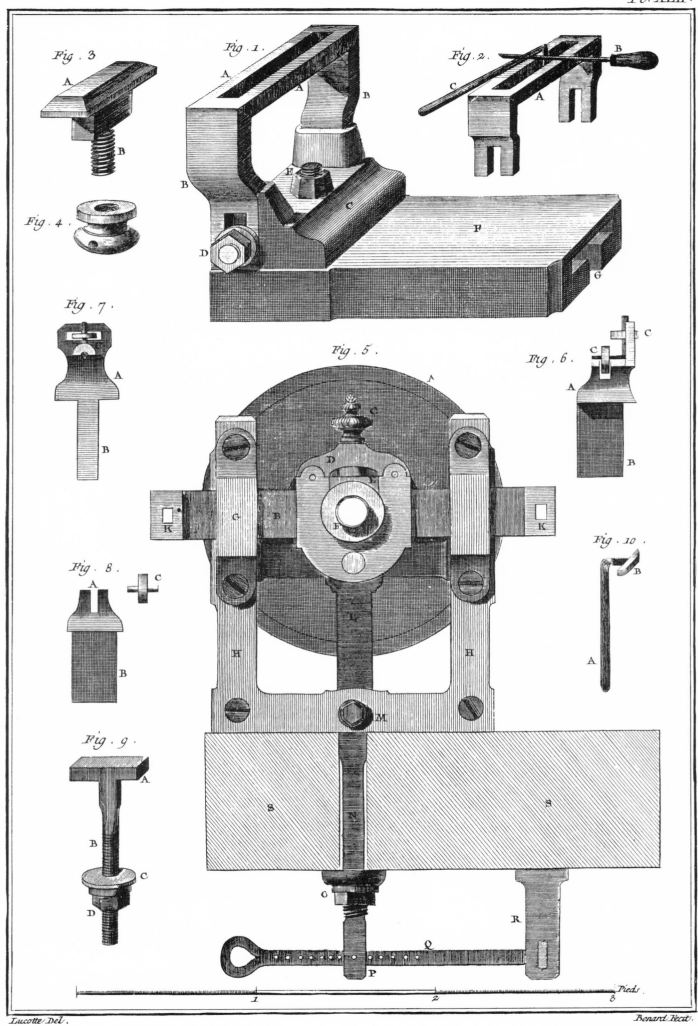

Fig. 3.    Fig. 1.    Fig. 2.

Fig. 4.

Fig. 7.    Fig. 5.    Fig. 6.

Fig. 8.    Fig. 10.

Fig. 9.

Pieds

Lucotte Del.                                    Benard Fecit.

*Tourneur*, Détails du Tour à Guillocher à Roue.

Pl. XLIII

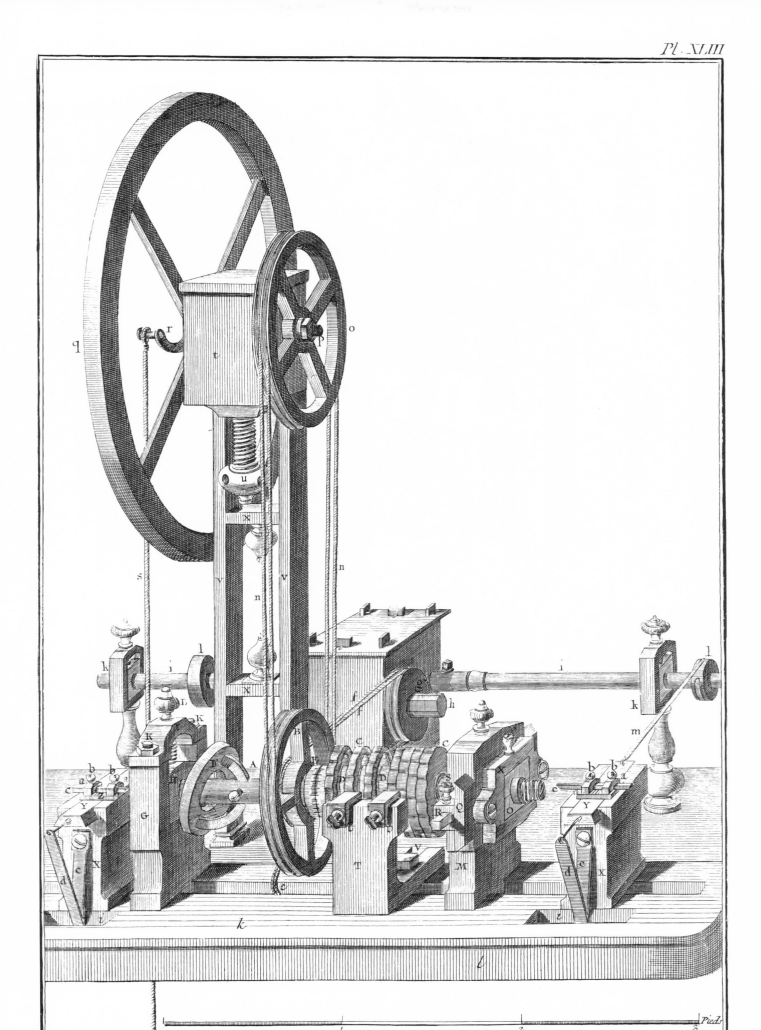

*Tourneur*, *Tour à Roüe à Guillochis et Outils mobiles.*

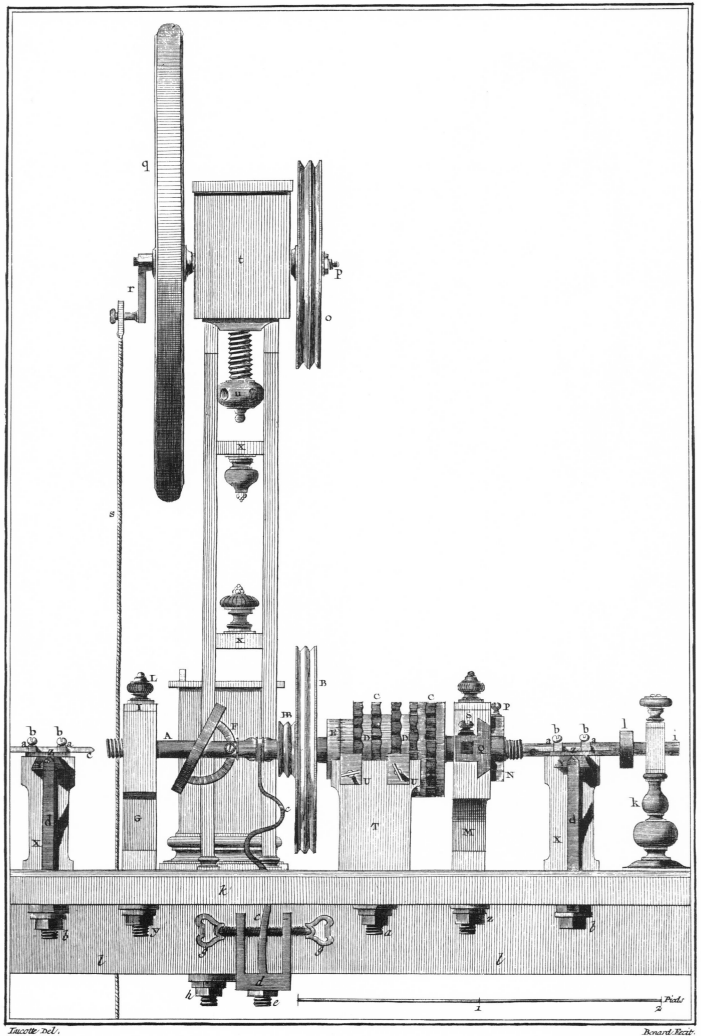

Pl. XLIV.

Tucotte Del.

Benard Fecit.

*Tourneur*, *Tour à Guillochis avec Outils mobiles.*

*Pl. XLV.*

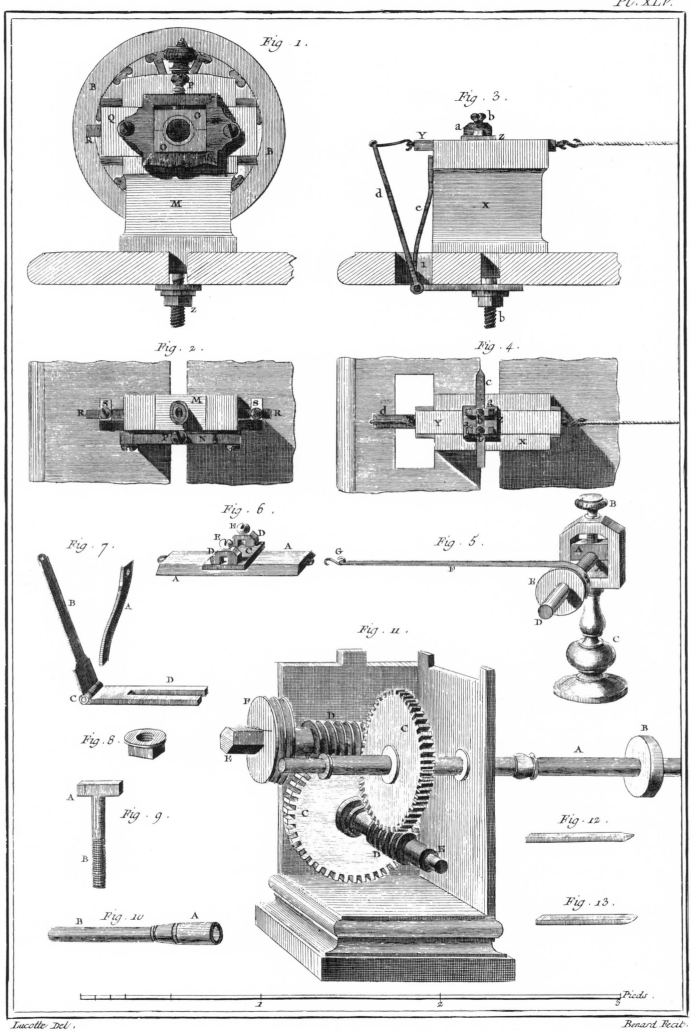

Fig. 1.

Fig. 3.

Fig. 2.

Fig. 4.

Fig. 6.

Fig. 7.

Fig. 5.

Fig. 11.

Fig. 8.

Fig. 9.

Fig. 12.

Fig. 10.

Fig. 13.

Picds.

Lucotte Del.

Benard Fecit.

*Tourneur,* Détails du Tour à Guillochis et Outils Mobiles.

Pl. XLVI.

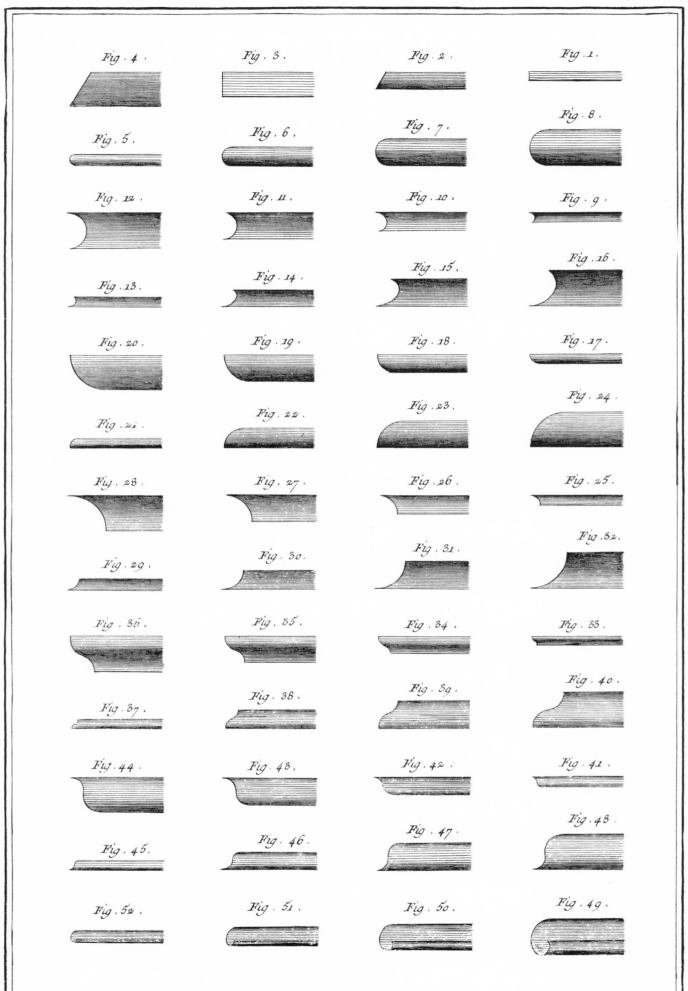

Tucotte Del.

Benard Fecit.

Tourneur, Moulures.

Pl. XLII.

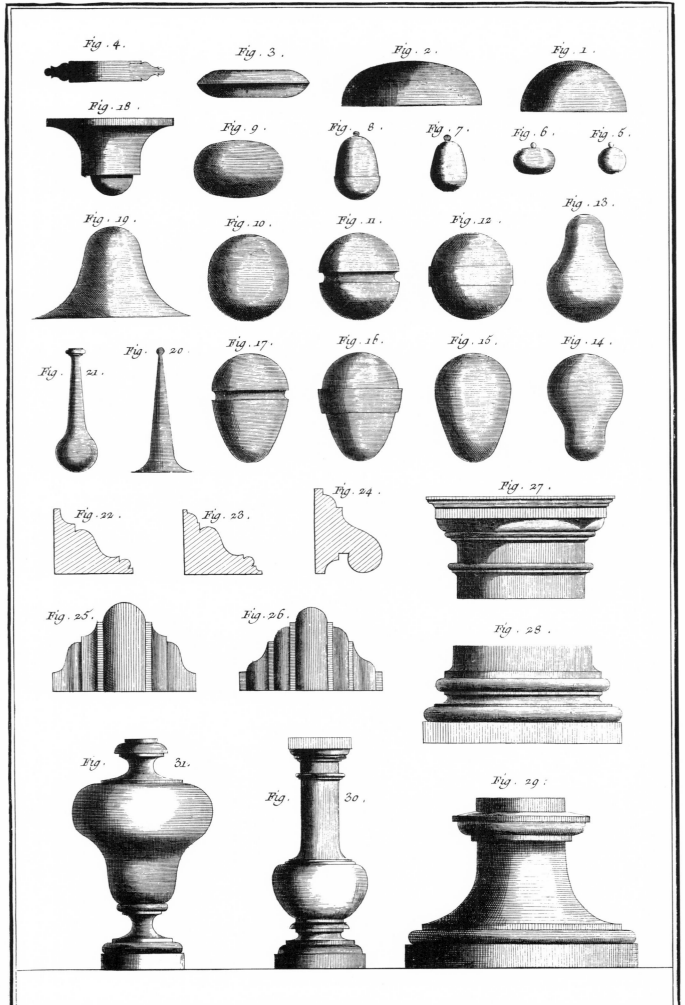

Fig. 4. Fig. 3. Fig. 2. Fig. 1. Fig. 18. Fig. 9. Fig. 8. Fig. 7. Fig. 6. Fig. 5. Fig. 19. Fig. 10. Fig. 11. Fig. 12. Fig. 13. Fig. 21. Fig. 20. Fig. 17. Fig. 16. Fig. 15. Fig. 14. Fig. 22. Fig. 23. Fig. 24. Fig. 27. Fig. 25. Fig. 26. Fig. 28. Fig. 31. Fig. 30. Fig. 29.

Lucotte Del. Benard Fecit.

*Tourneur, Ouvrages simples.*

Pl. XLVIII.

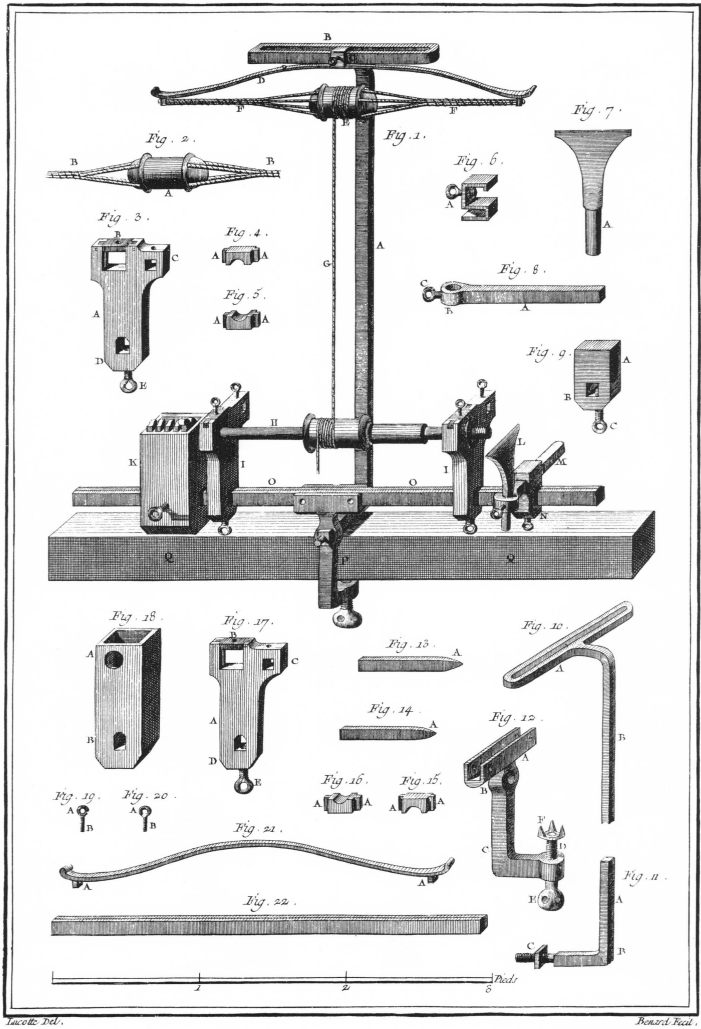

*Tourneur*, *Tours d'Horlogers*

Pl. XLIX

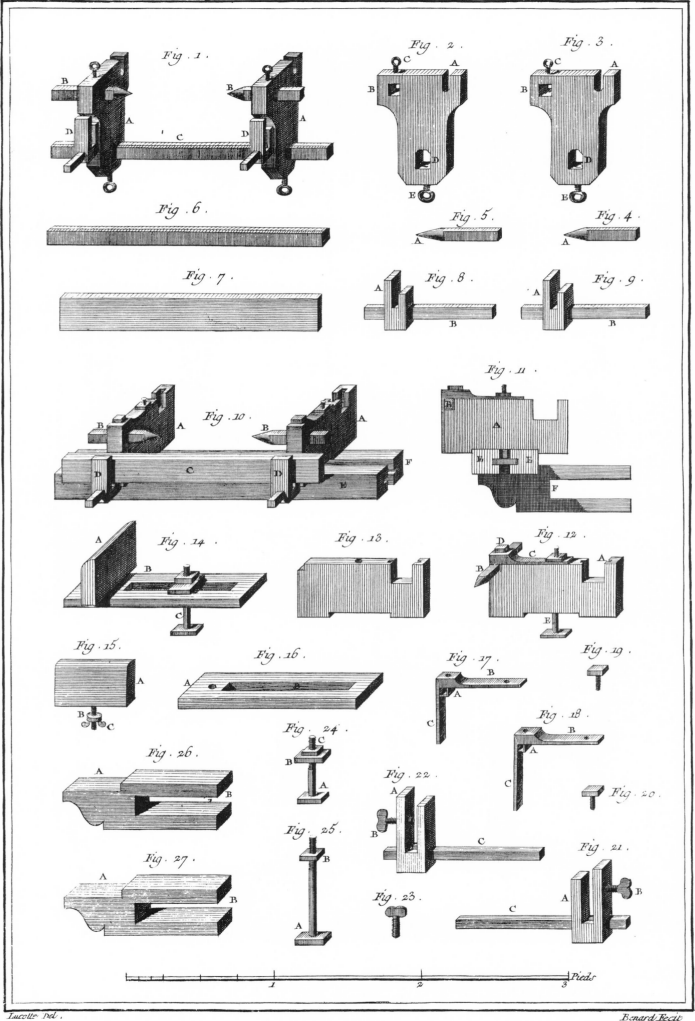

Fig. 1.
Fig. 2.
Fig. 3.
Fig. 6.
Fig. 5.
Fig. 4.
Fig. 7.
Fig. 8.
Fig. 9.
Fig. 11.
Fig. 10.
Fig. 14.
Fig. 13.
Fig. 12.
Fig. 15.
Fig. 16.
Fig. 17.
Fig. 19.
Fig. 26.
Fig. 24.
Fig. 18.
Fig. 22.
Fig. 20.
Fig. 25.
Fig. 27.
Fig. 23.
Fig. 21.

Pieds

Lucotte Del.

Benard Fecit.

*Tourneur*, Tours d'Horlogers.

Pl. L.

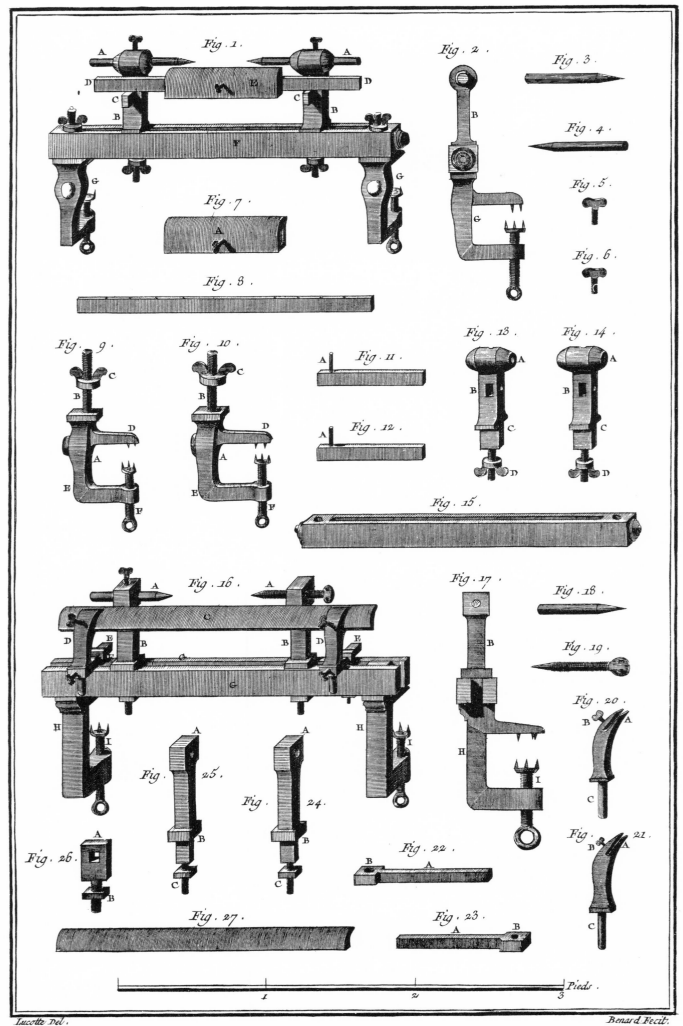

Lucotte Del.

Benard Fecit.

Tourneur, Tours d'Horloger.

Pl. LI.

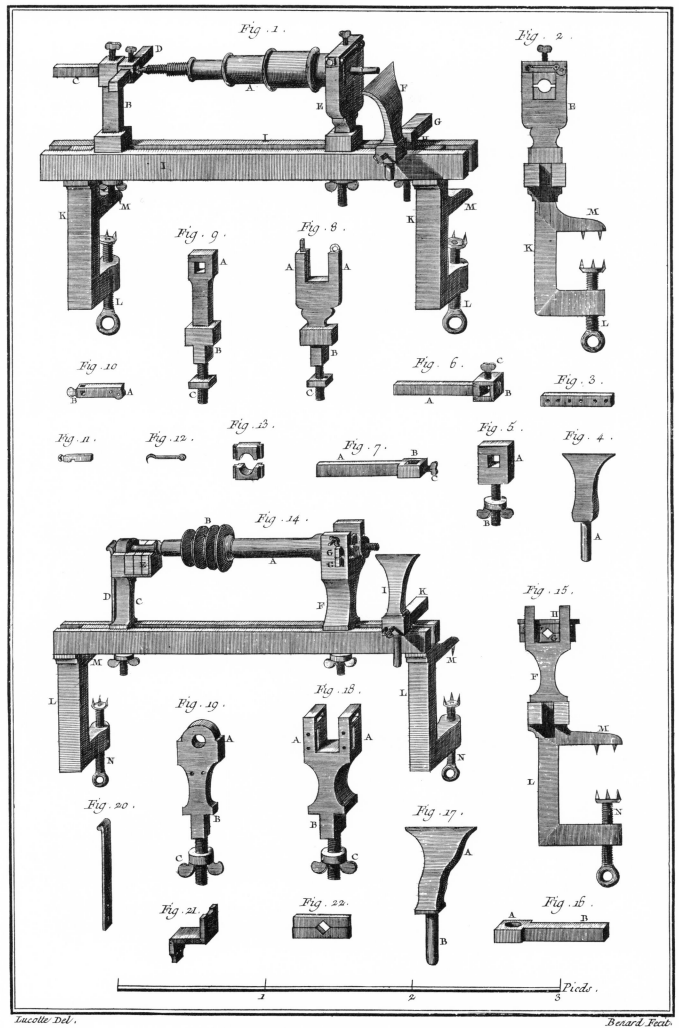

Fig. 1.

Fig. 2.

Fig. 9.

Fig. 8.

Fig. 10.

Fig. 6.

Fig. 3.

Fig. 11.

Fig. 12.

Fig. 13.

Fig. 7.

Fig. 5.

Fig. 4.

Fig. 14.

Fig. 15.

Fig. 19.

Fig. 18.

Fig. 20.

Fig. 17.

Fig. 21.

Fig. 22.

Fig. 16.

Picds.

Lucotte Del.

Benard Fecit.

*Tourneur, Tours d'Horloger.*

Pl. LII.

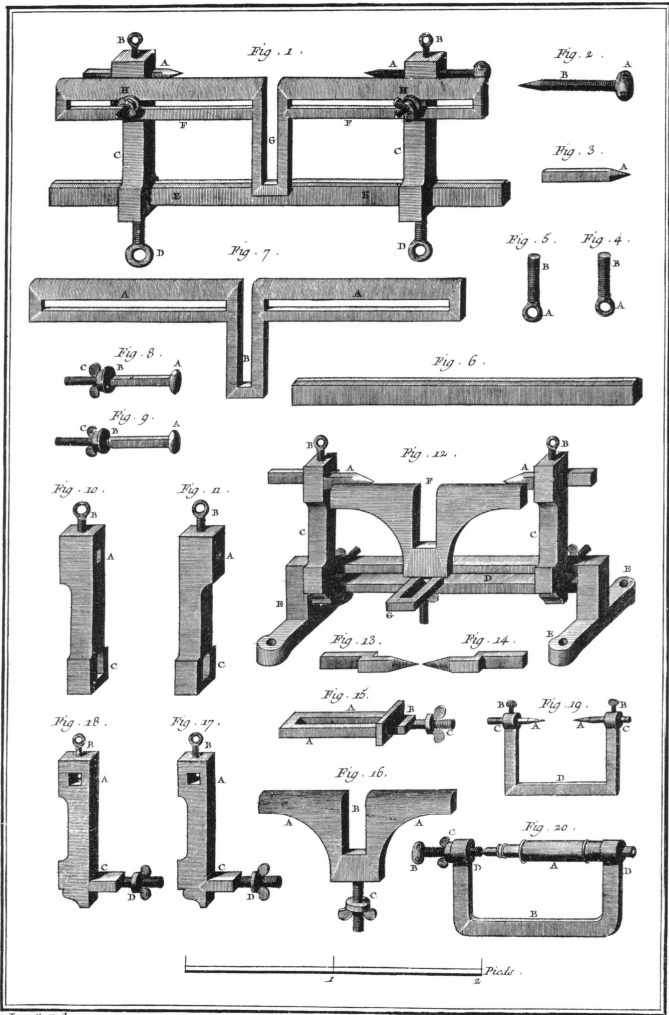

Fig. 1. Fig. 2. Fig. 3. Fig. 4. Fig. 5. Fig. 6. Fig. 7. Fig. 8. Fig. 9. Fig. 10. Fig. 11. Fig. 12. Fig. 13. Fig. 14. Fig. 15. Fig. 16. Fig. 17. Fig. 18. Fig. 19. Fig. 20.

Picds.

*Lucotte Del.*

*Benard Fecit.*

*Tourneur, Tours d'Horloger*

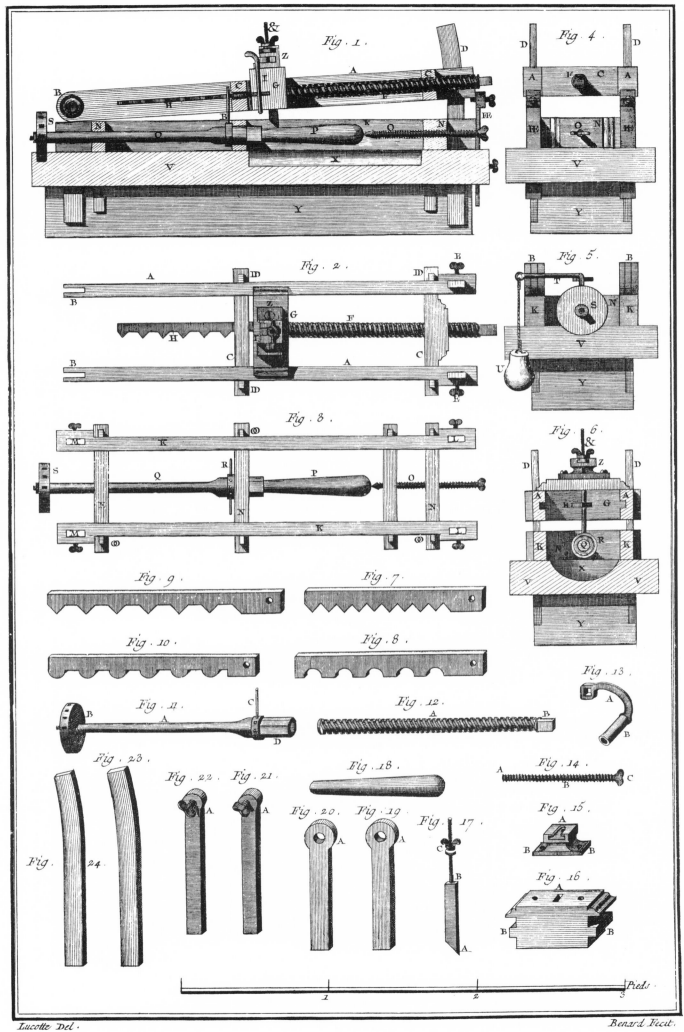

Pl. LIII.

Fig. 1.

Fig. 4.

Fig. 2.

Fig. 5.

Fig. 3.

Fig. 6.

Fig. 9.

Fig. 7.

Fig. 10.

Fig. 8.

Fig. 11.

Fig. 12.

Fig. 13.

Fig. 23.

Fig. 22.

Fig. 21.

Fig. 18.

Fig. 14.

Fig. 20.

Fig. 19.

Fig. 17.

Fig. 15.

Fig. 24.

Fig. 16.

Pieds

1       2       3

Lucotte Del.

Benard Fecit.

*Tourneur, Machine Angloise a pointes de Diamans.*

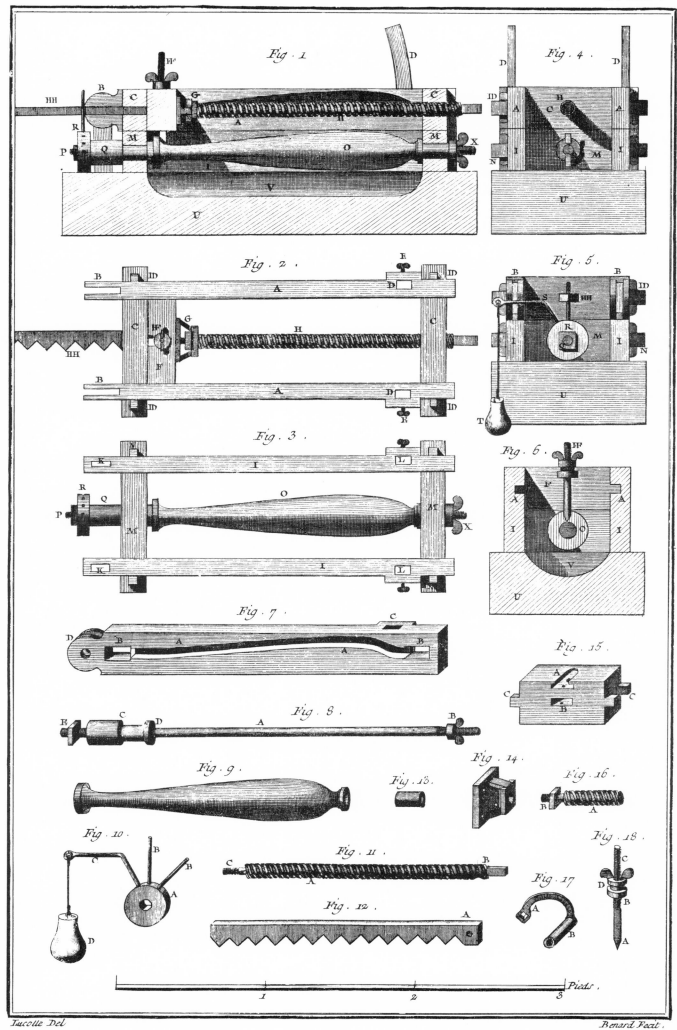

Pl. LIV.

Fig. 1.

Fig. 4.

Fig. 2.

Fig. 5.

Fig. 3.

Fig. 6.

Fig. 7.

Fig. 15.

Fig. 8.

Fig. 9.

Fig. 13.

Fig. 14.

Fig. 16.

Fig. 10.

Fig. 18.

Fig. 11.

Fig. 17.

Fig. 12.

Pieds.

1      2      3

Lucotte Del.

Benard Fecit.

*Tourneur, Machine a Rézeaux.*

Pl. LV.

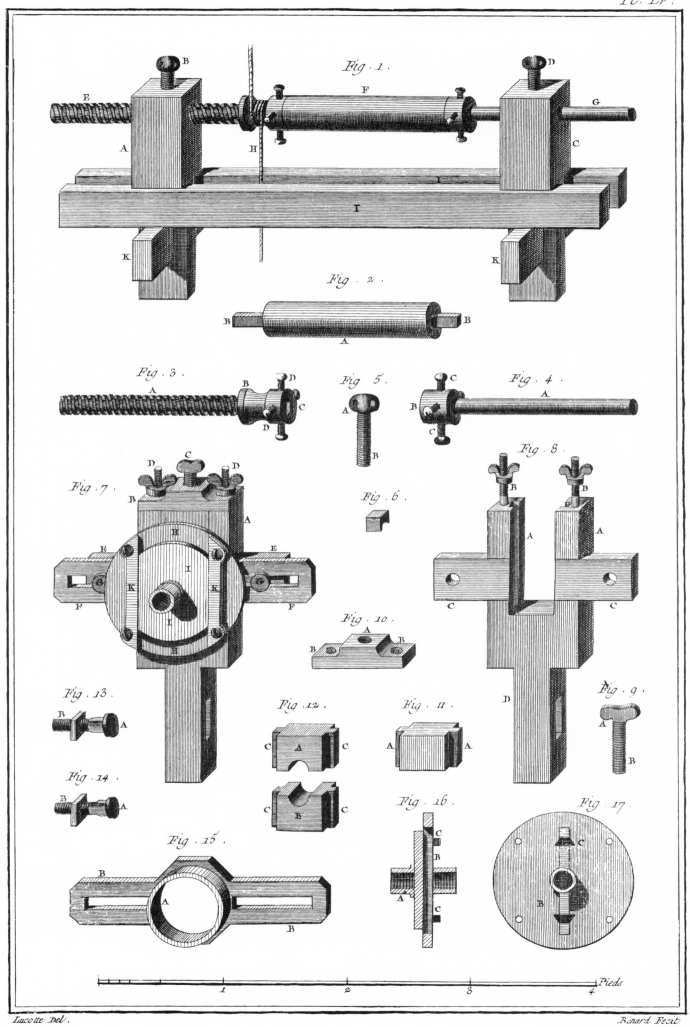

Tourneur, Tours a Torses et Ovales.

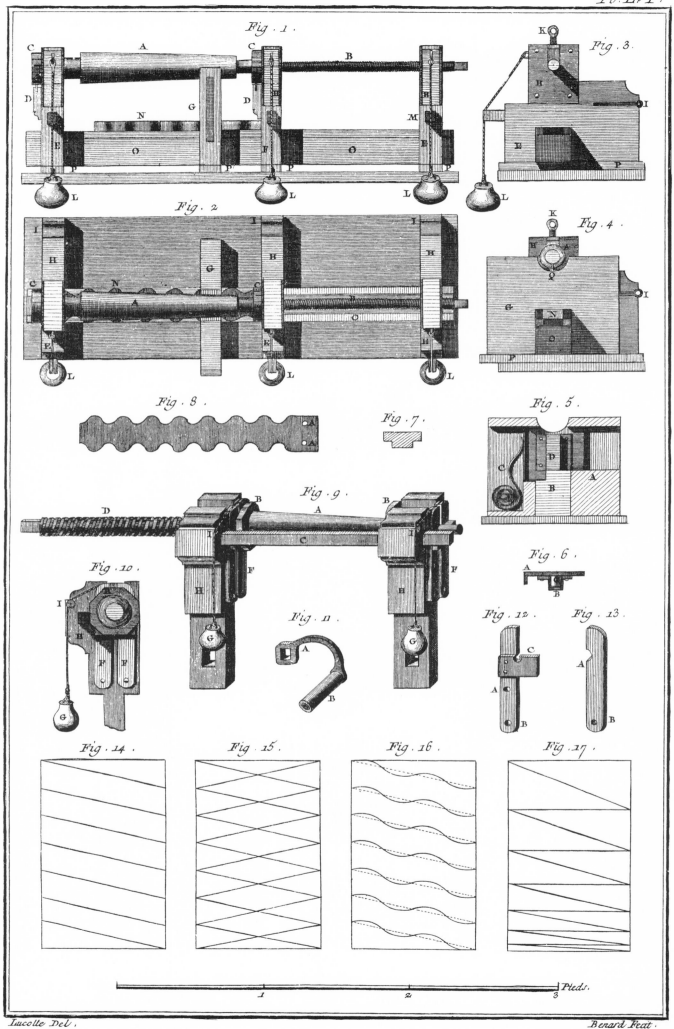

Pl. LVI.

Fig. 1.

Fig. 3.

Fig. 2.

Fig. 4.

Fig. 8.

Fig. 7.

Fig. 5.

Fig. 9.

Fig. 6.

Fig. 10.

Fig. 11.

Fig. 12.

Fig. 13.

Fig. 14.

Fig. 15.

Fig. 16.

Fig. 17.

Pieds.

Lucotte Del.

Benard Fecit.

*Tourneur*, Machine a Canneler et a Onder.

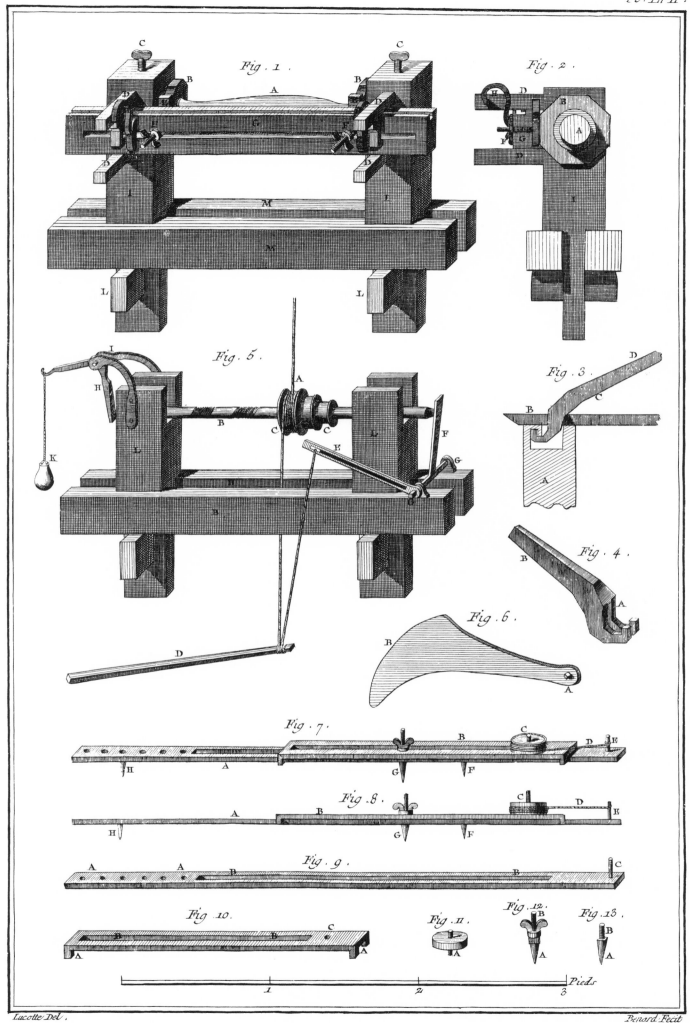

Pl. LVII.

Fig. 1.
Fig. 2.
Fig. 3.
Fig. 4.
Fig. 5.
Fig. 6.
Fig. 7.
Fig. 8.
Fig. 9.
Fig. 10.
Fig. 11.
Fig. 12.
Fig. 13.

Pieds

1     2     3

Lucotte Del.

Benard Fecit.

*Tourneur, Tour à Godronner, à Vis et Machine à Rosette.*

Pl. LVIII.

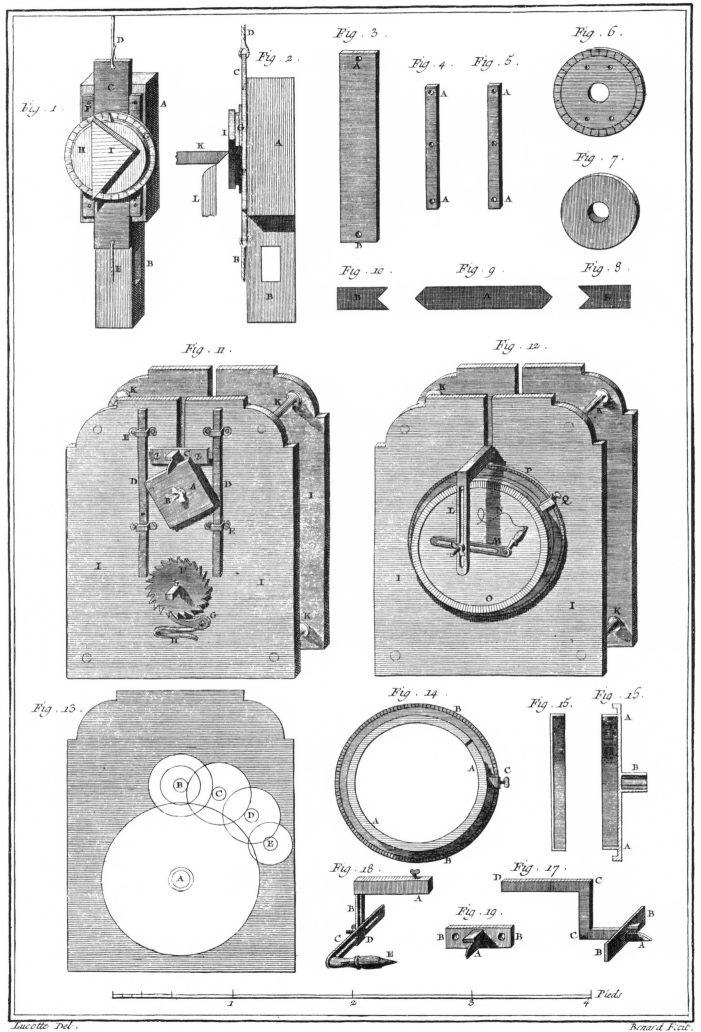

Fig. 1. Fig. 2. Fig. 3. Fig. 4. Fig. 5. Fig. 6. Fig. 7. Fig. 8. Fig. 9. Fig. 10. Fig. 11. Fig. 12. Fig. 13. Fig. 14. Fig. 15. Fig. 16. Fig. 17. Fig. 18. Fig. 19.

Pieds

Lucotte Del.

Benard Fecit.

*Tourneur, Machines à Poligones simples et figurés.*

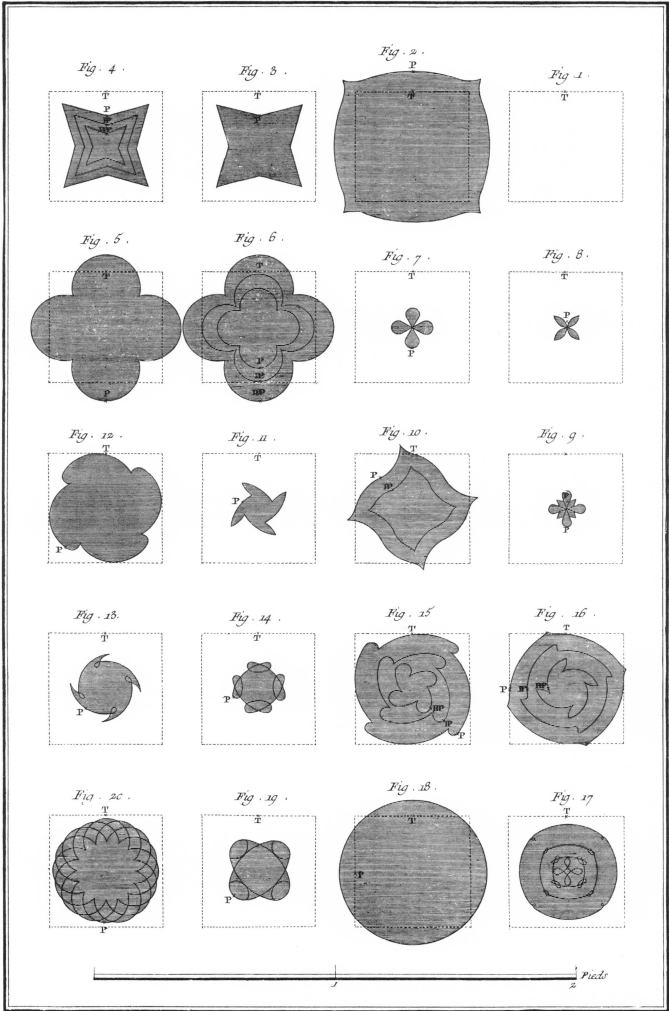

Tourneur, *Contours figurés*.

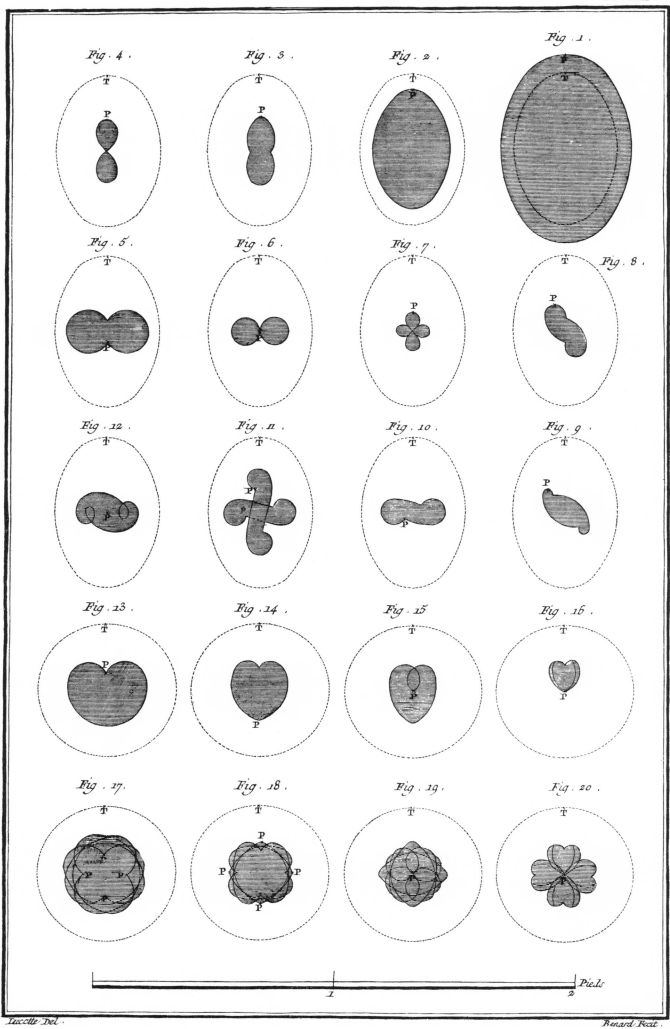

Pl. LX.

Fig. 4. Fig. 3. Fig. 2. Fig. 1.

Fig. 5. Fig. 6. Fig. 7. Fig. 8.

Fig. 12. Fig. 11. Fig. 10. Fig. 9.

Fig. 13. Fig. 14. Fig. 15. Fig. 16.

Fig. 17. Fig. 18. Fig. 19. Fig. 20.

Piels

Lucotte Del.

Renard Fecit.

*Tourneur*, *Contours figurés*.

Pl. LXI.

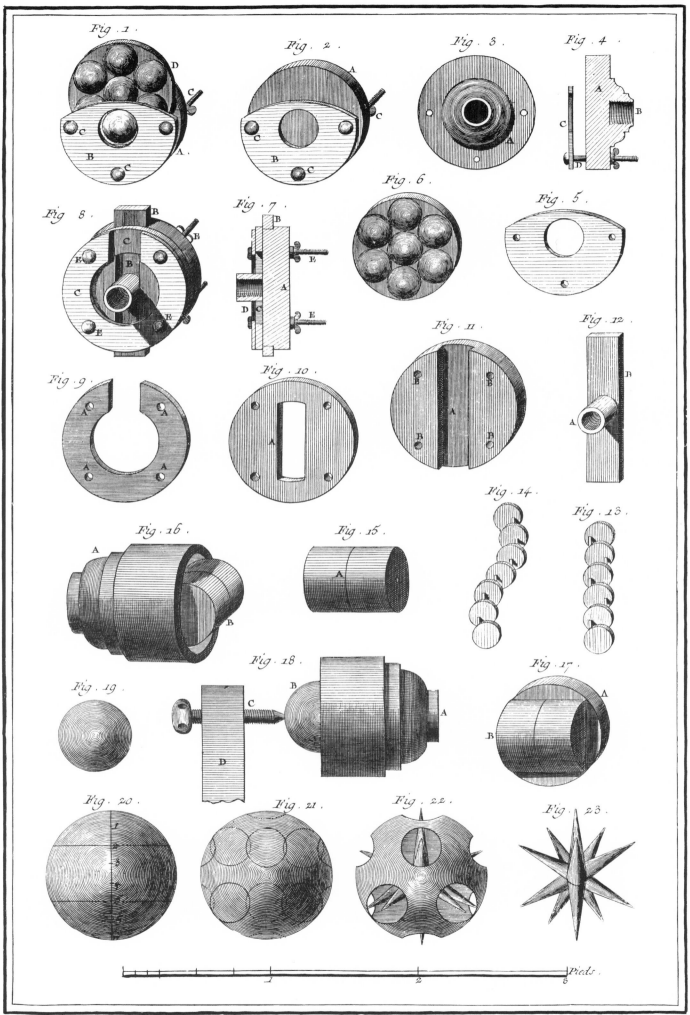

Fig. 1. Fig. 2. Fig. 3. Fig. 4. Fig. 8. Fig. 7. Fig. 6. Fig. 5. Fig. 9. Fig. 10. Fig. 11. Fig. 12. Fig. 14. Fig. 13. Fig. 16. Fig. 15. Fig. 18. Fig. 17. Fig. 19. Fig. 20. Fig. 21. Fig. 22. Fig. 23.

Pieds.

Lucotte Del.

Benard Fecit.

*Tourneur, Tours Excentriques et Spheriques*

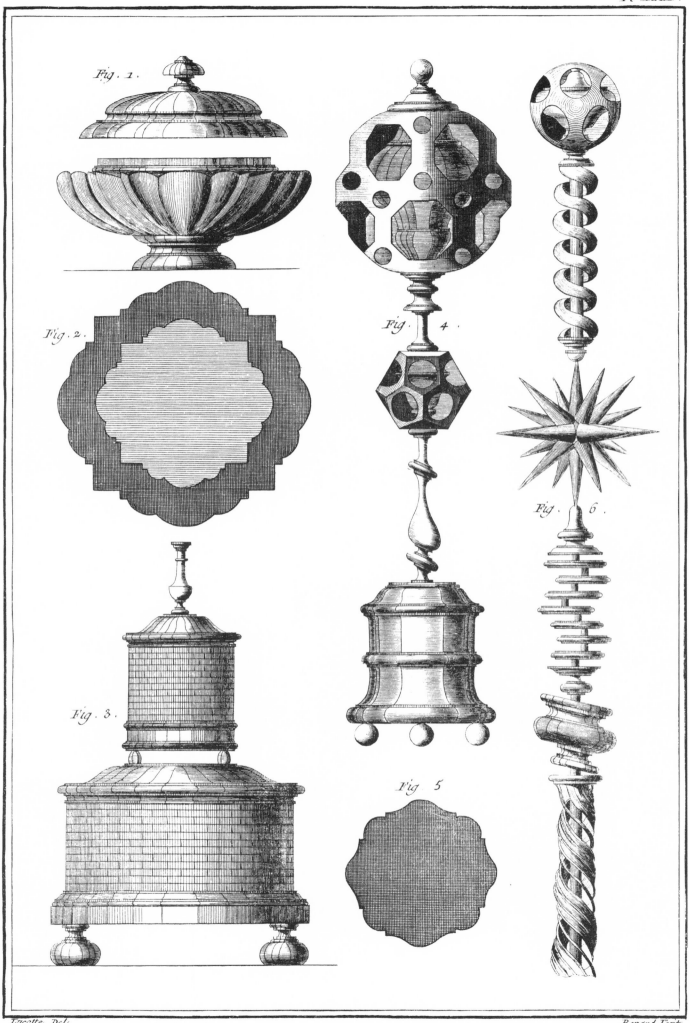

Fig. 1.

Fig. 2.

Fig. 3.

Fig. 4.

Fig. 5.

Fig. 6.

Lacotte Del.

Benard Fecit.

*Tourneur*, Divers Ouvrages reunis.

Pl. LXIII.

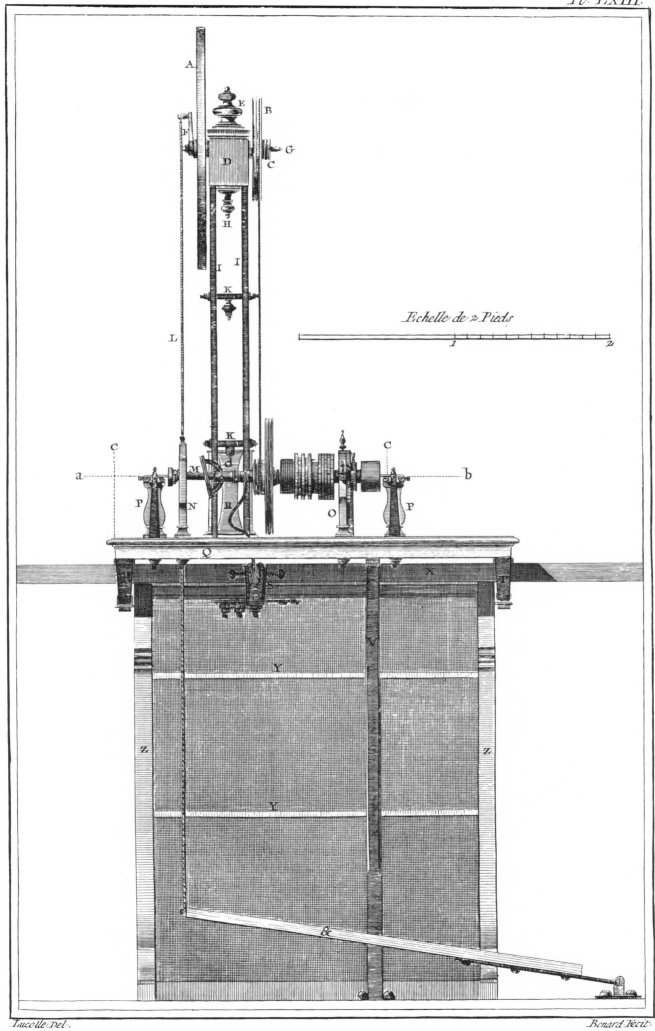

Echelle de 2 Pieds

1       2

Lucotte Del.

Benard Fecit.

*Tourneur*, Tour à Figure, Elévation en face.

Pl. LXIV.

Echelle de 2 Pieds

A

B
E

G
C
D

H

I
I

K

L

K

C                                              C
e                                              e
f                            d                 f

Q                                              Q
X
T                                              T

Z                                              Z

&

Lucotte Del.

Benard Fecit.

*Tourneur, Tour à Figure, Elévation par derriere.*

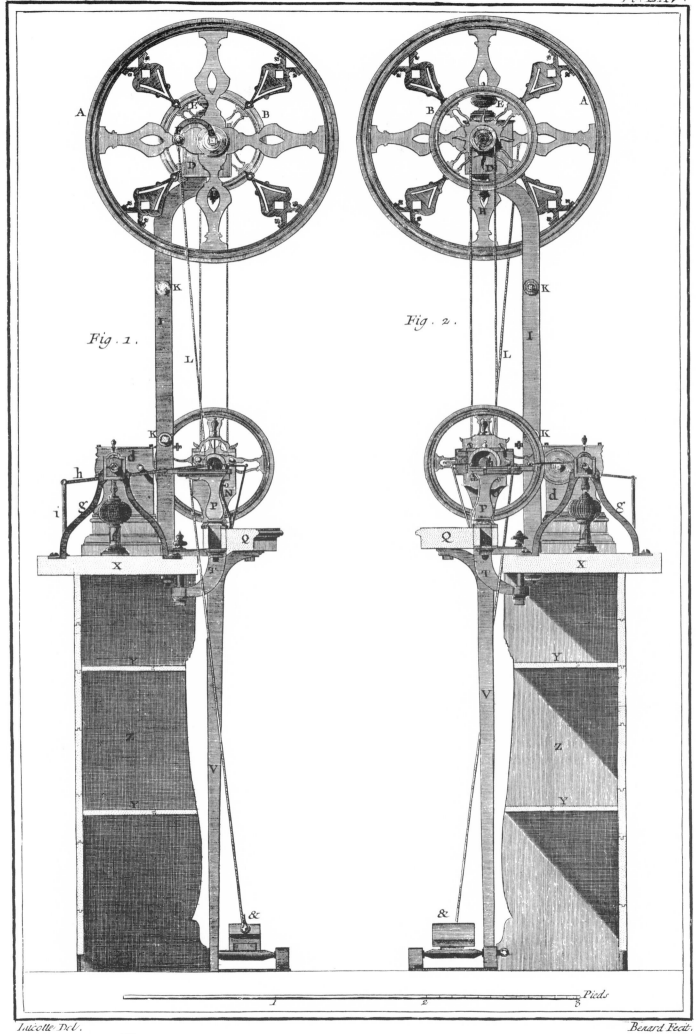

Pl. LXV.

Lucotte Del.

Benard Fecit.

*Tourneur*, *Tour à Figure, Coupes vues des deux côtés*

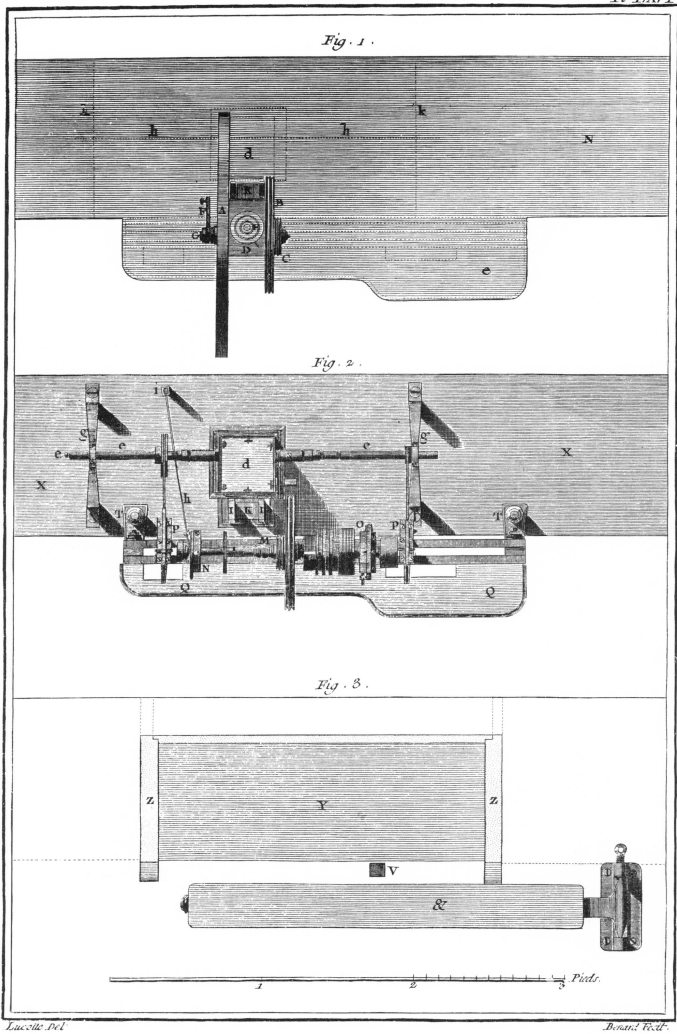

Pl. LXVI.

Fig. 1.

Fig. 2.

Fig. 3.

Pieds.

Lucotte Del.

Benard Fecit.

*Tourneur*, Tour à Figure, Plans

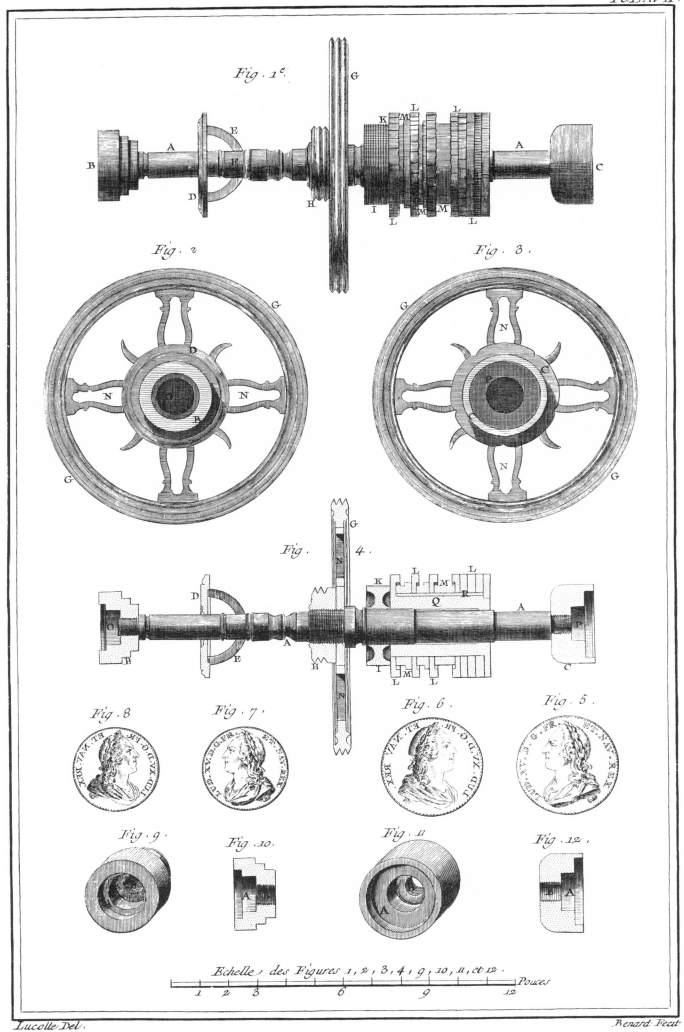

Fig. 1ᵉ.

Fig. 2.　Fig. 3.

Fig. 4.

Fig. 8.　Fig. 7.　Fig. 6.　Fig. 5.

Fig. 9.　Fig. 10.　Fig. 11.　Fig. 12.

Echelle des Figures 1, 2, 3, 4, 9, 10, 11, et 12.　Pouces
1　2　3　6　9　12

Lucotte Del.　Benard Fecit.

*Tourneur, Tour à Figure, Arbre et ses Détails.*

*Pl. LXVIII.*

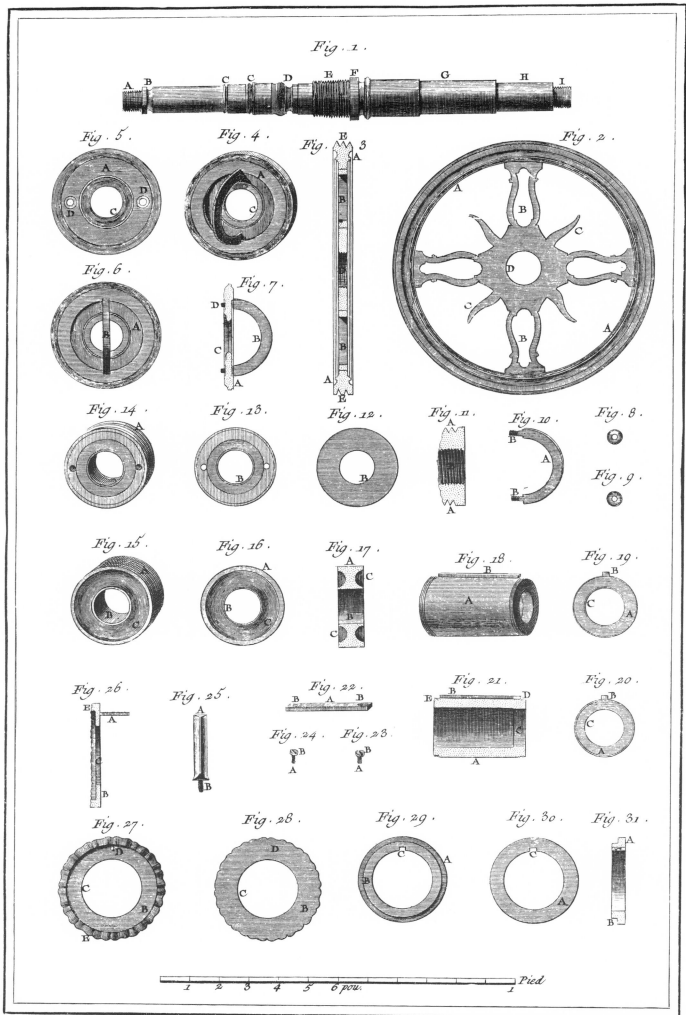

Fig. 1.

Fig. 5.  Fig. 4.  Fig. 3.  Fig. 2.

Fig. 6.  Fig. 7.

Fig. 14.  Fig. 13.  Fig. 12.  Fig. 11.  Fig. 10.  Fig. 8.

Fig. 9.

Fig. 15.  Fig. 16.  Fig. 17.  Fig. 18.  Fig. 19.

Fig. 26.  Fig. 25.  Fig. 22.  Fig. 21.  Fig. 20.

Fig. 24.  Fig. 23.

Fig. 27.  Fig. 28.  Fig. 29.  Fig. 30.  Fig. 31.

1  2  3  4  5  6 pou.  Pied 1

Lucotte Del.

Benard Fecit.

*Tourneur, Tour à Figure, Arbre et ses Rosettes.*

Pl. LXIX.

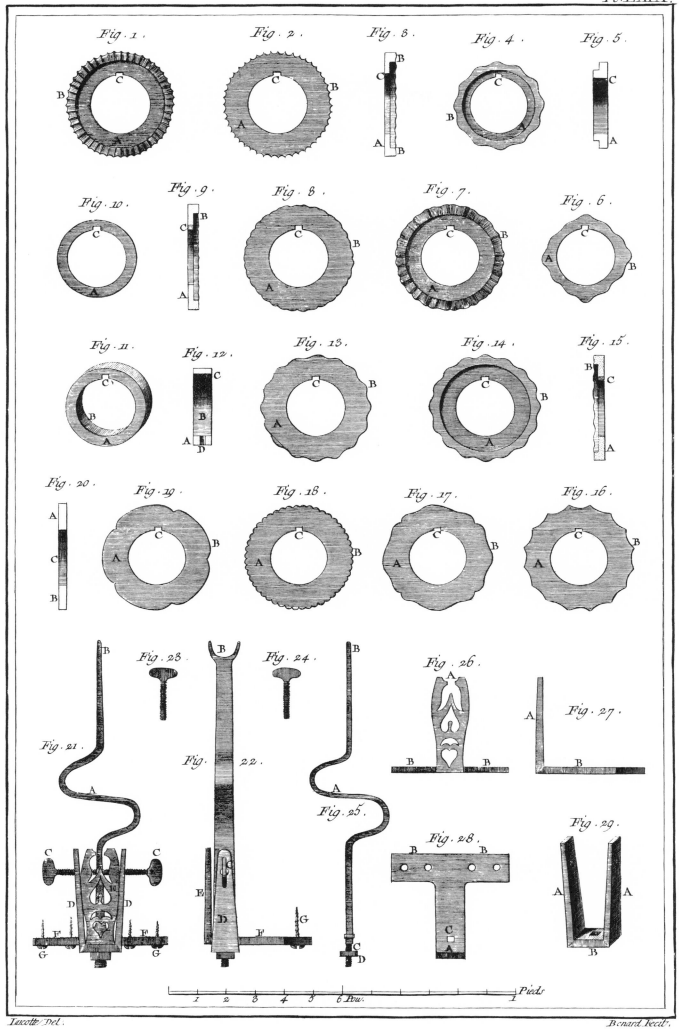

Tourneur, Tour à Figure, Rosettes et Ressort.

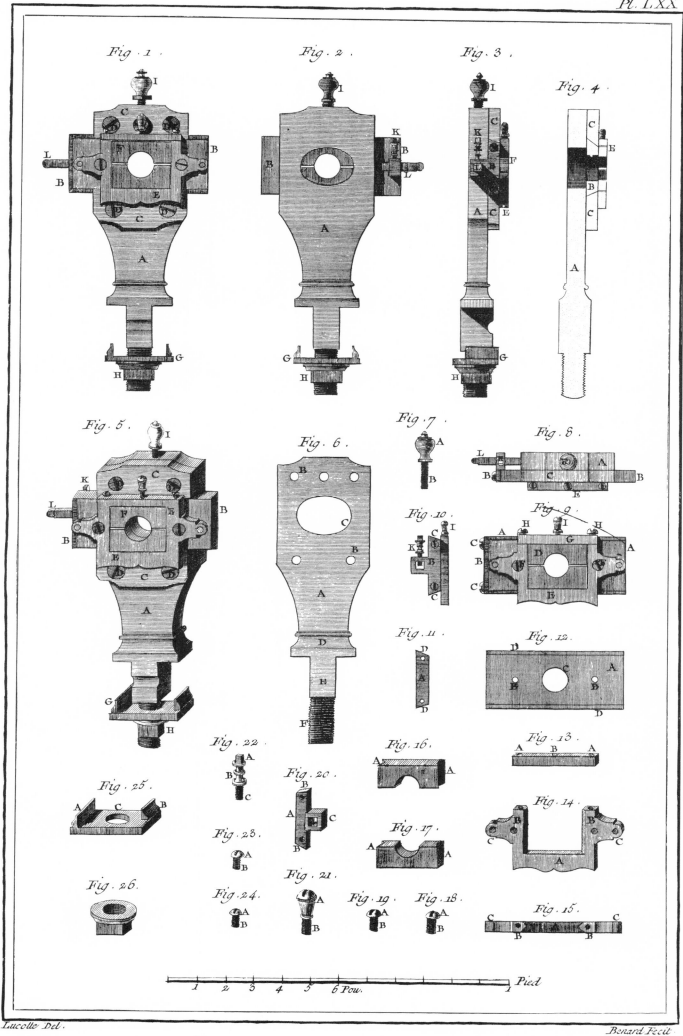

Pl. LXX

Fig. 1. Fig. 2. Fig. 3. Fig. 4. Fig. 5. Fig. 6. Fig. 7. Fig. 8. Fig. 9. Fig. 10. Fig. 11. Fig. 12. Fig. 13. Fig. 14. Fig. 15. Fig. 16. Fig. 17. Fig. 18. Fig. 19. Fig. 20. Fig. 21. Fig. 22. Fig. 23. Fig. 24. Fig. 25. Fig. 26.

Lucotte Del.

Benard Fecit.

*Tourneur, Tour à Figure, Suport à Lunette à Coulisse.*

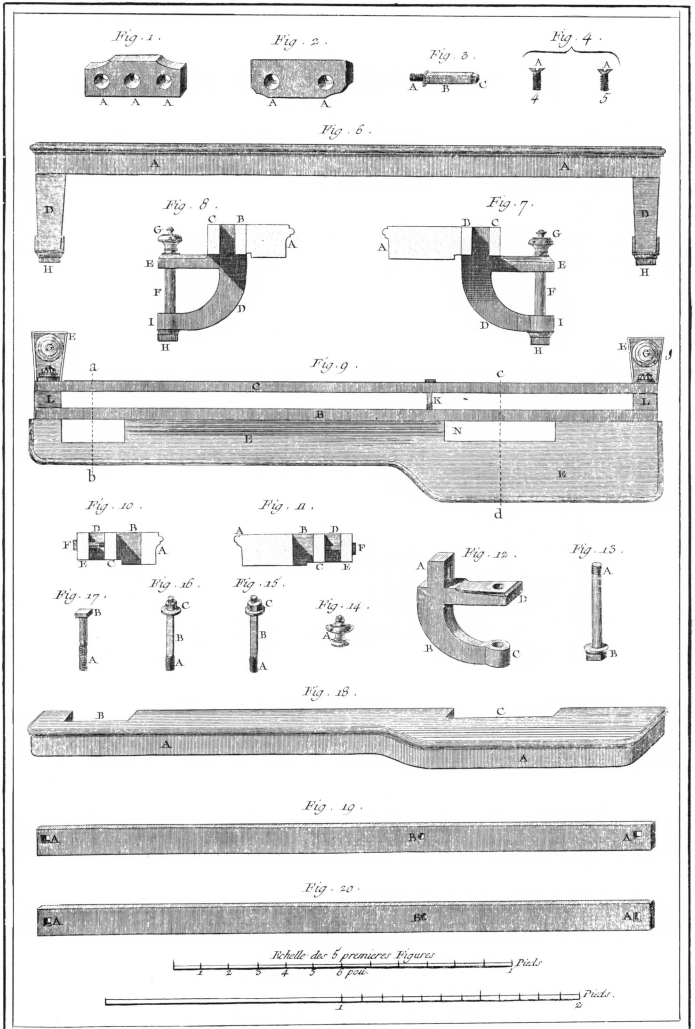

Pl. LXXI.

Fig. 1. Fig. 2. Fig. 3. Fig. 4. Fig. 6. Fig. 8. Fig. 7. Fig. 9. Fig. 10. Fig. 11. Fig. 12. Fig. 13. Fig. 17. Fig. 16. Fig. 15. Fig. 14. Fig. 18. Fig. 19. Fig. 20.

Échelle des 5 premieres Figures

*Tourneur, Tour à Figure, l'établis et ses Détails.*

Pl. LXXII.

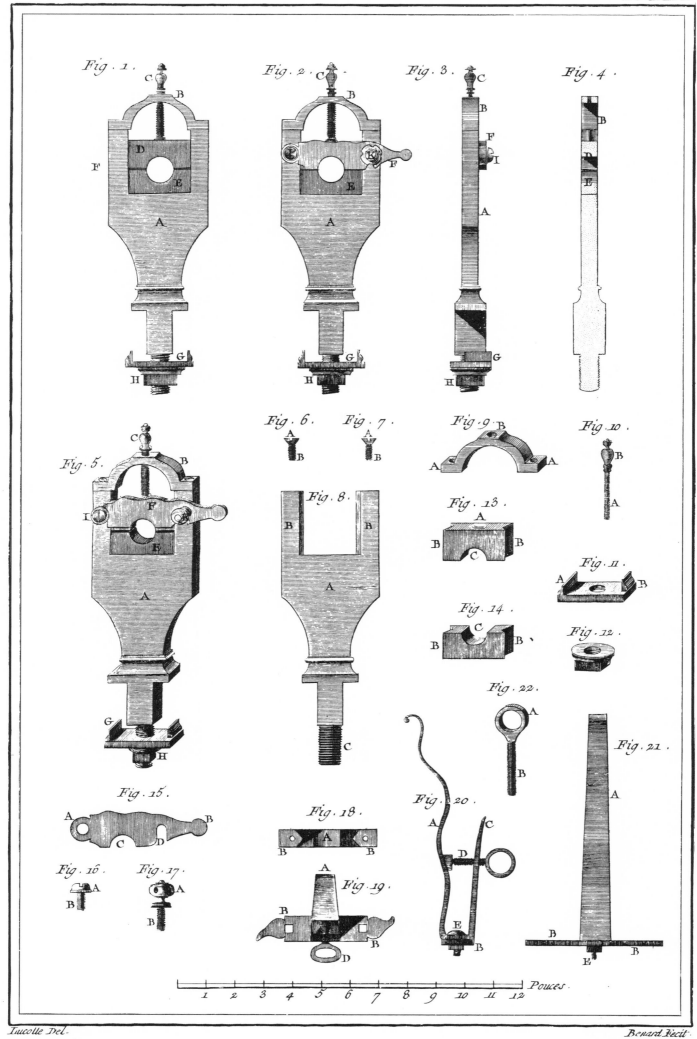

Tourneur, Tour à Figure, suport à Bascule et ses Détails.

Pl. LXXIII.

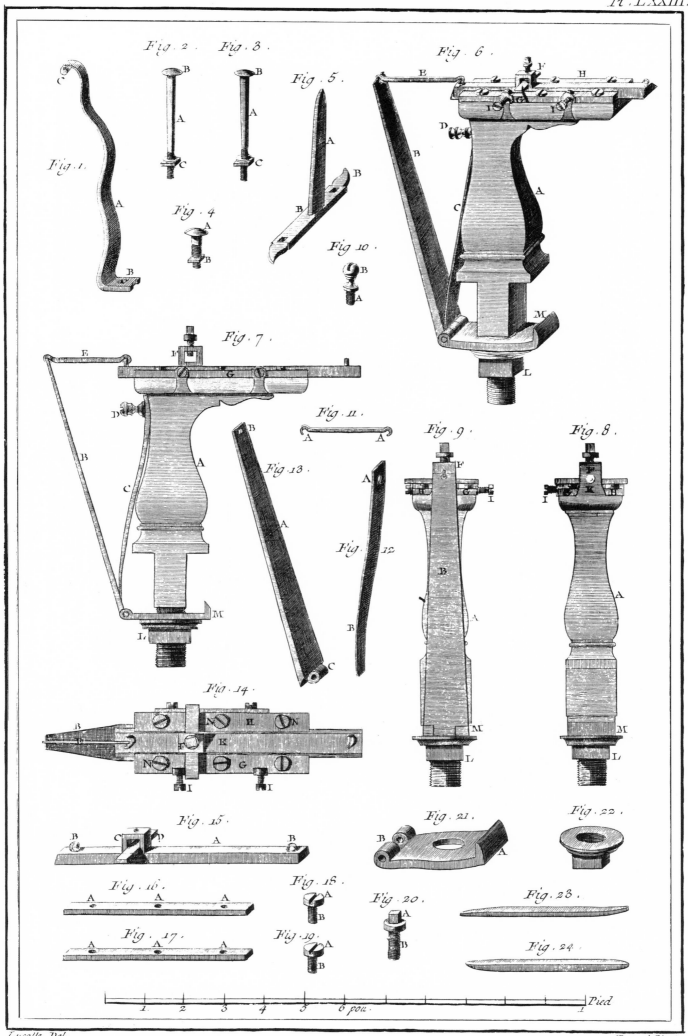

Tucotte Del.

Benard Fecit

*Tourneur*, Tour à Figure, suport à Coulisse et ses Détails.

Pl. LXXIV.

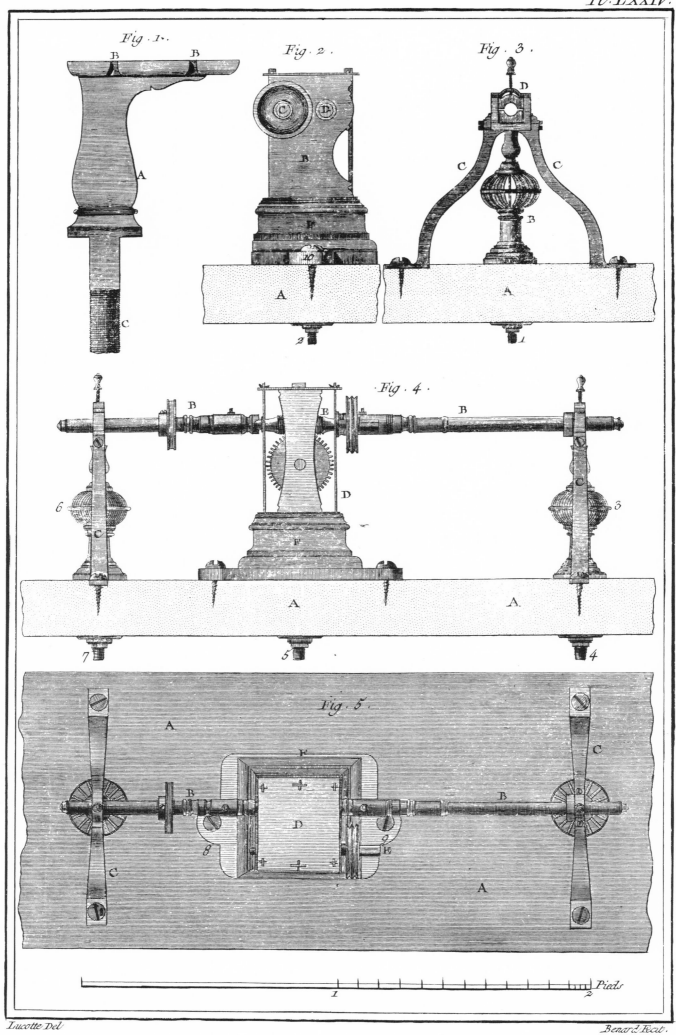

Fig. 1. Fig. 2. Fig. 3. Fig. 4. Fig. 5.

Pieds

Lucotte Del.

Benard Fecit.

Tourneur, Tour à Figure, Arbre de renvoi.

Pl. LXXV.

Fig. 1.

Fig. 3.

Fig. 2.

Fig. 11.

Fig. 4.    Fig. 5.    Fig. 7.

Fig. 10.    Fig. 9.

Fig. 8.

Fig. 18. Fig. 19. Fig. 20. Fig. 21.    Fig. 22.    Fig. 23.

Fig. 24.    Fig. 25.    Fig. 26.

Fig. 17.

Fig. 12.    Fig. 15.    Fig. 16.

Fig. 6.    Fig. 13.    Fig. 28.    Fig. 29.    Fig. 30.

Fig. 14.    Fig. 27.

Fig. 31.

Fig. 33.    Fig. 34.

Fig. 37.    Fig. 38.    Fig. 36.    Fig. 35.    Fig. 32.    Fig. 43.    Fig. 44.

Fig. 40.    Fig. 39.

Fig. 41.

Fig. 42.

Echelle des Trois premieres Figures

1  2  3      6      9      12 Pou.

Echelle des dernieres Figures

1  2  3      6      9      12 Pou.

Iacotte Del.    Benard Fecit.

Tourneur, Tour a Figure, Détails de la Boëte et de l'Arbre de renvoi.

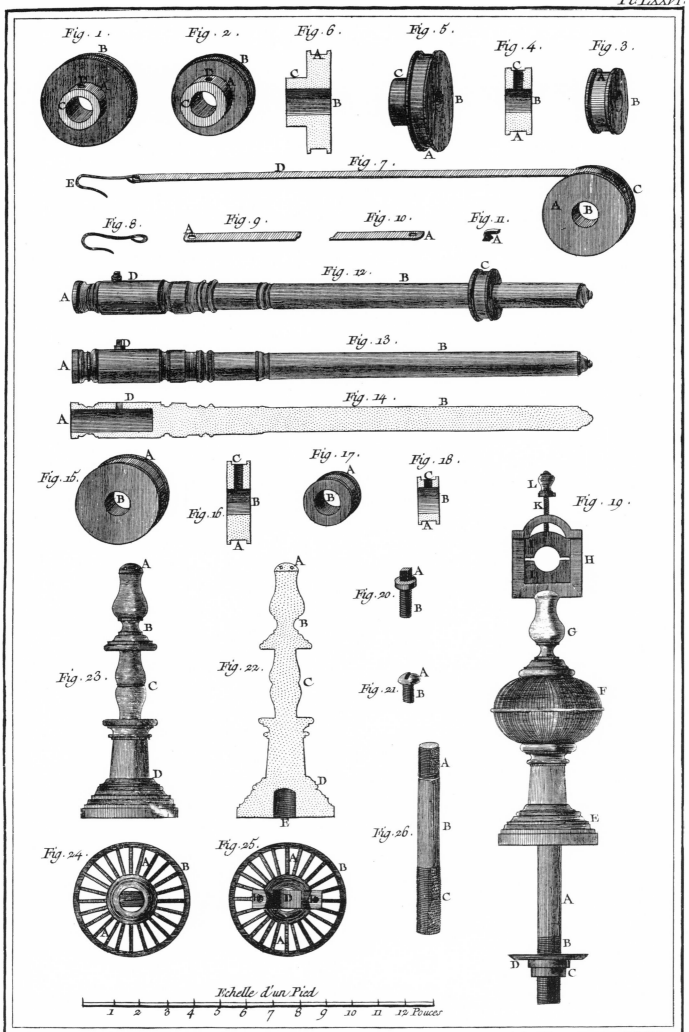

Pl. LXXVI.

Fig. 1. Fig. 2. Fig. 6. Fig. 5. Fig. 4. Fig. 3.

Fig. 7.

Fig. 8. Fig. 9. Fig. 10. Fig. 11.

Fig. 12.

Fig. 13.

Fig. 14.

Fig. 15. Fig. 16. Fig. 17. Fig. 18. Fig. 19.

Fig. 20.

Fig. 21.

Fig. 23. Fig. 22. Fig. 26.

Fig. 24. Fig. 25.

Echelle d'un Pied

1 2 3 4 5 6 7 8 9 10 11 12 Pouces

Tucotte Del.

Benard Fecit.

Tourneur, Tour à Figure. Détails de l'Arbre de renvoi et l'un de ses Suports.

Pl. LXVII.

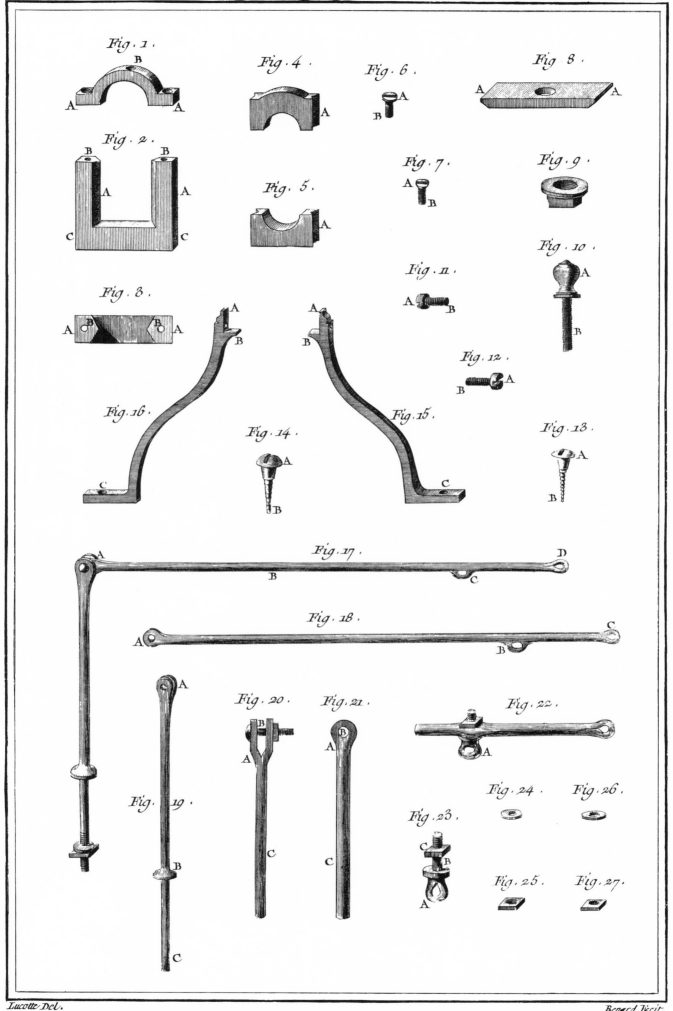

Fig. 1. Fig. 2. Fig. 3. Fig. 4. Fig. 5. Fig. 6. Fig. 7. Fig. 8. Fig. 9. Fig. 10. Fig. 11. Fig. 12. Fig. 13. Fig. 14. Fig. 15. Fig. 16. Fig. 17. Fig. 18. Fig. 19. Fig. 20. Fig. 21. Fig. 22. Fig. 23. Fig. 24. Fig. 25. Fig. 26. Fig. 27.

Lucotte Del.

Benard Fecit.

*Tourneur*, Tour à Figure, Détails de l'un des Suports de renvoi et Bascule de la Pédale.

Pl. LXXVIII

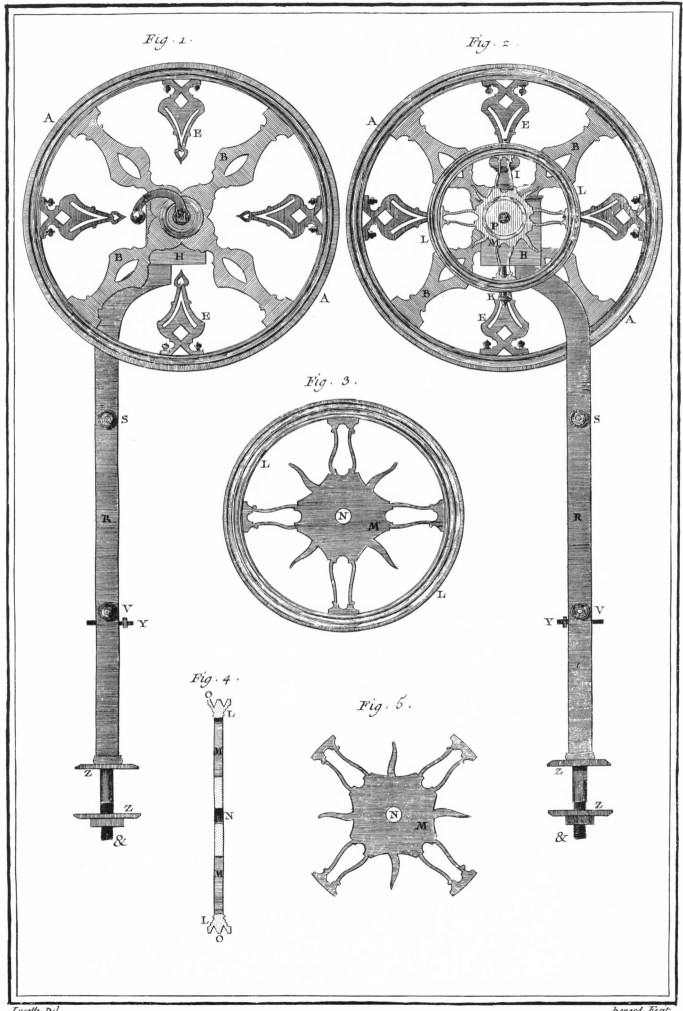

*Fig. 1.*

*Fig. 2.*

*Fig. 3.*

*Fig. 4.*

*Fig. 5.*

Tucotte Del.

Benard Fecit.

*Tourneur, Tour à Figure; Face Latérale de la grande Roue et de son Suport.*

Pl. LXXIX

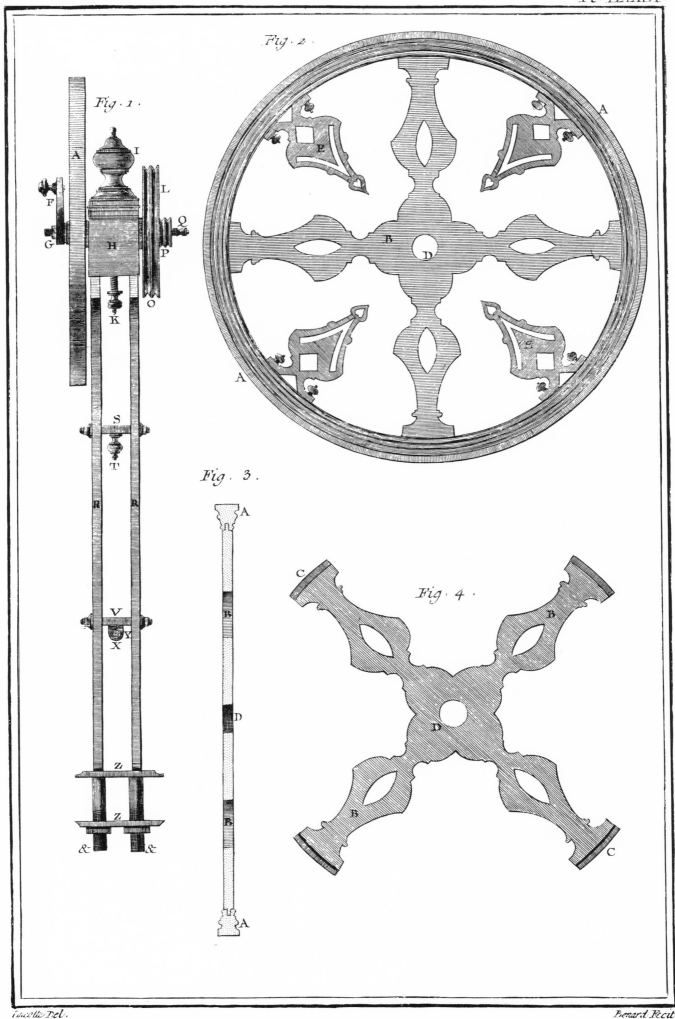

Fig. 1.

Fig. 2.

Fig. 3.

Fig. 4.

Picotte Del.

Benard Fecit.

*Tourneur, Tour à Figure, vue en face de la grande Roue.*

Pl. LXXX.

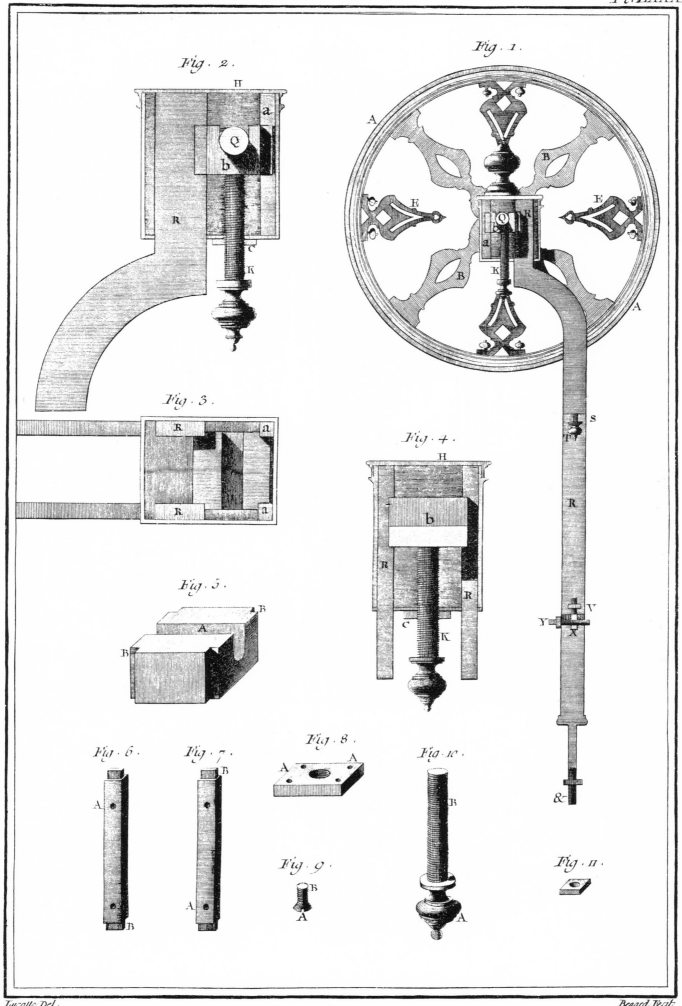

Fig. 2.

Fig. 1.

Fig. 3.

Fig. 4.

Fig. 5.

Fig. 6.

Fig. 7.

Fig. 8.

Fig. 9.

Fig. 10.

Fig. 11.

Lucotte Del.

Benard Fecit.

Tourneur, Tour à Figure, Coupe Laterale de la grande Roue et Détails.

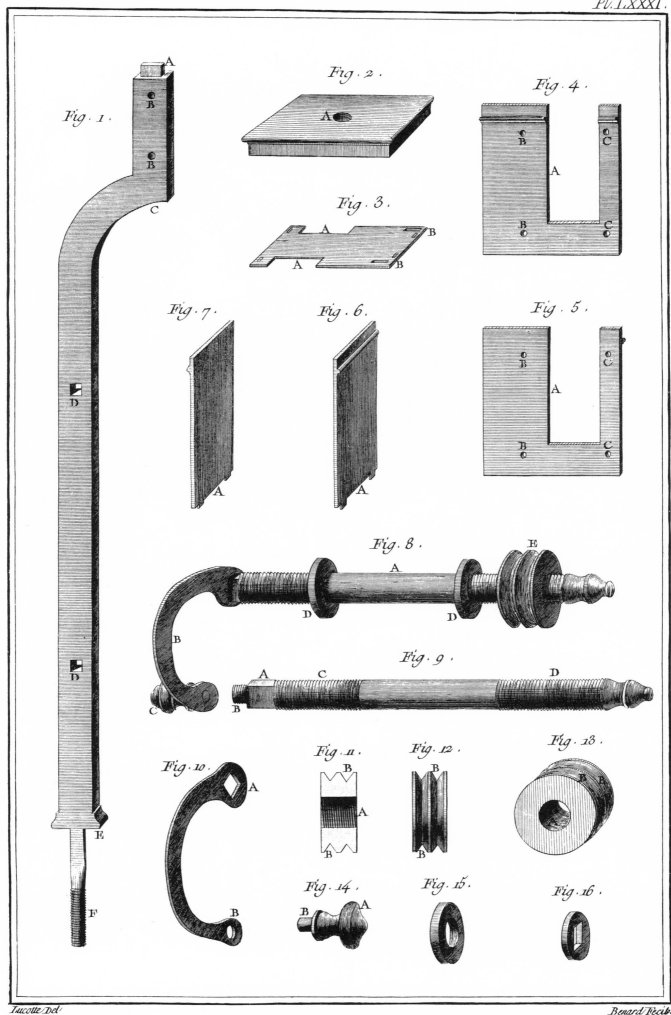

Pl. LXXXI.

Fig. 1.

Fig. 2.

Fig. 3.

Fig. 4.

Fig. 5.

Fig. 6.

Fig. 7.

Fig. 8.

Fig. 9.

Fig. 10.

Fig. 11.

Fig. 12.

Fig. 13.

Fig. 14.

Fig. 15.

Fig. 16.

Tucotte Del.

Benard Fecit.

*Tourneur*, Tour à Figure. Détails des Parties de la grande Roue.

Pl. LXXXII.

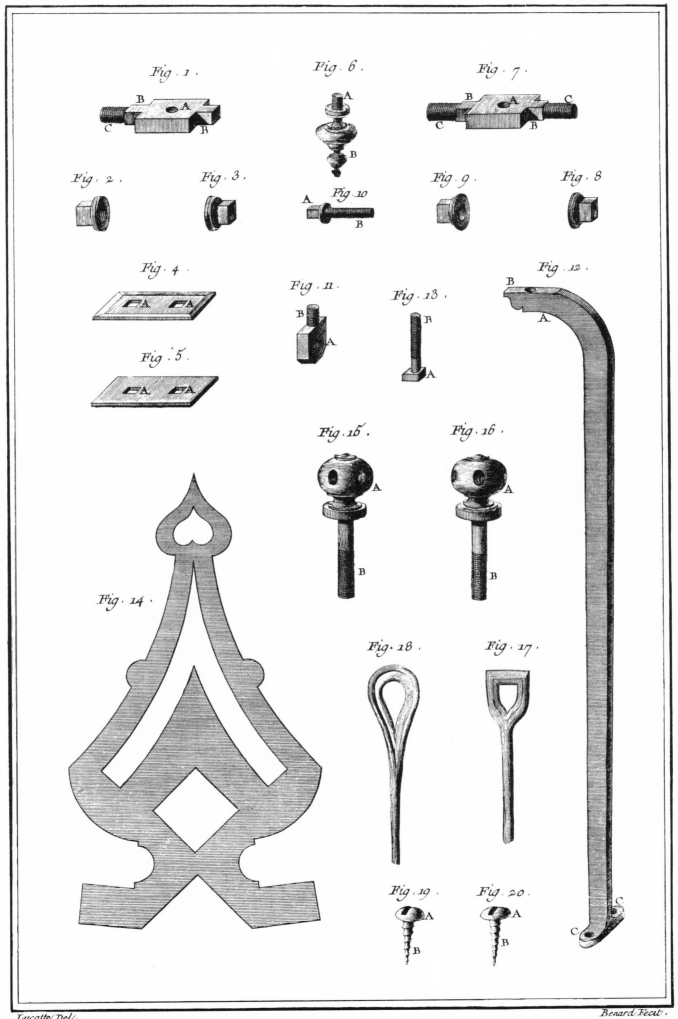

Lucotte Del.

Benard Fecit.

Tourneur, Tour à Figure; Détails des parties de la grande Roue.

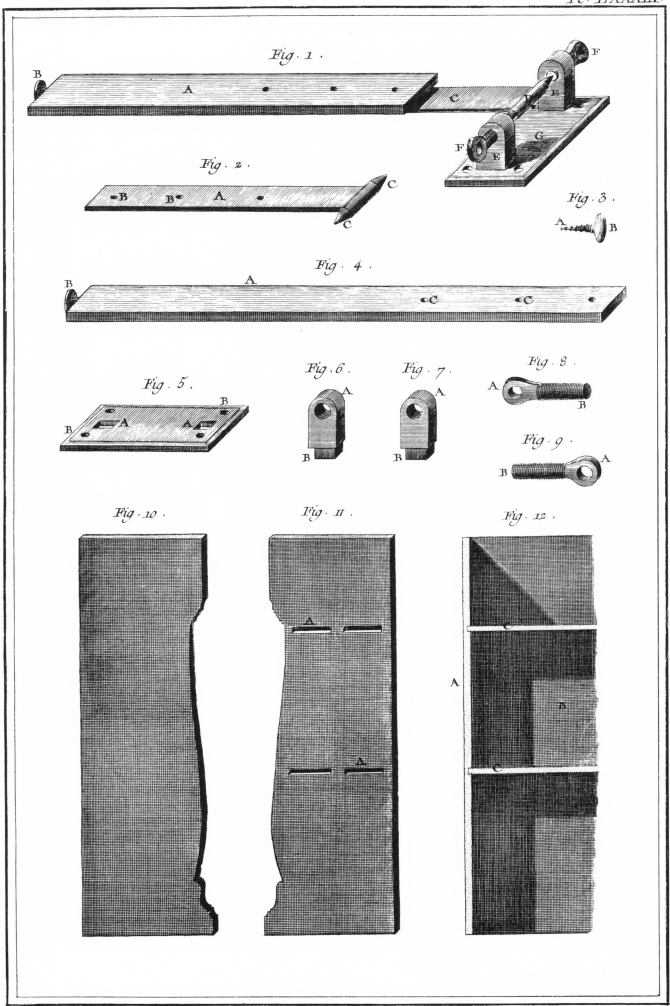

Pl. LXXXIII.

Fig. 1.
Fig. 2.
Fig. 3.
Fig. 4.
Fig. 5.
Fig. 6.
Fig. 7.
Fig. 8.
Fig. 9.
Fig. 10.
Fig. 11.
Fig. 12.

Lucotte Del.

Benard Fecit.

*Tourneur, Tour à Figure; Pédale de suports d'Établi*

Pl. LXXXIV

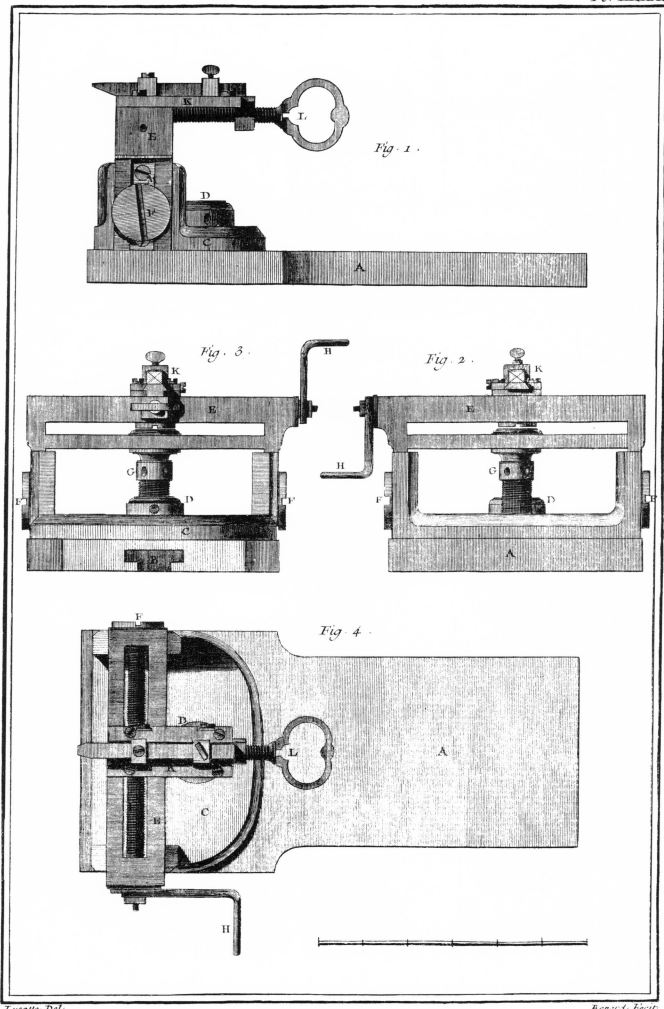

Fig. 1.

Fig. 3.

Fig. 2.

Fig. 4.

*Tourneur, Tour à Figure; Suport à pivot portant outil à travailler.*

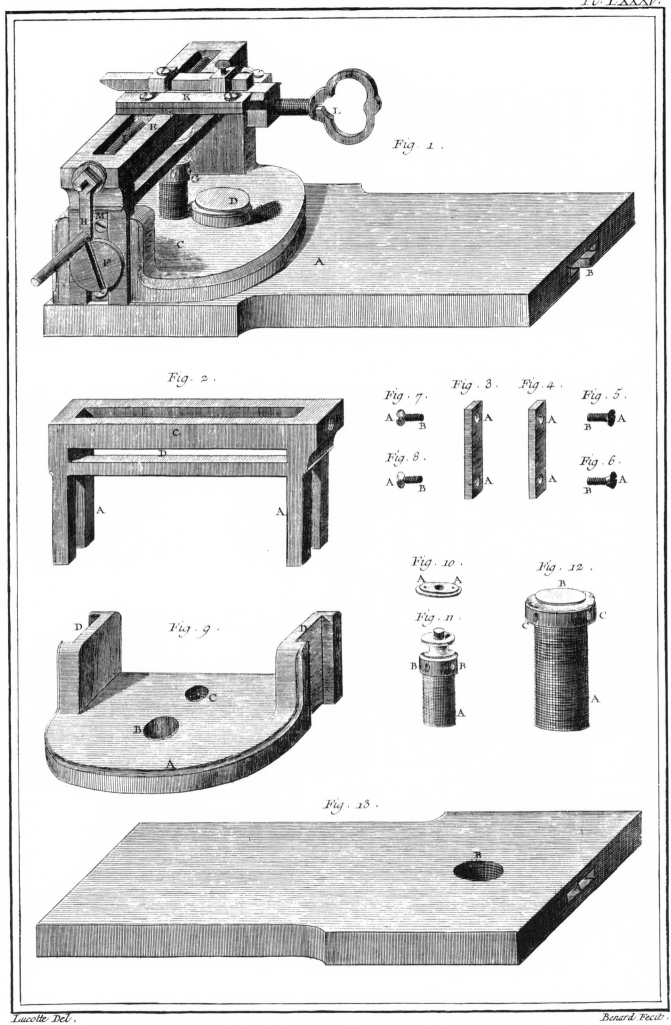

Pl. LXXXV.

Fig. 1.

Fig. 2.

Fig. 7.    Fig. 3.    Fig. 4.    Fig. 5.

Fig. 8.    Fig. 6.

Fig. 10.    Fig. 12.

Fig. 11.

Fig. 9.

Fig. 13.

Lucotte Del.

Benard Fecit.

*Tourneur*, Tour à Figure; Suport à pivot et Détails.

Pl. LXXXVI.

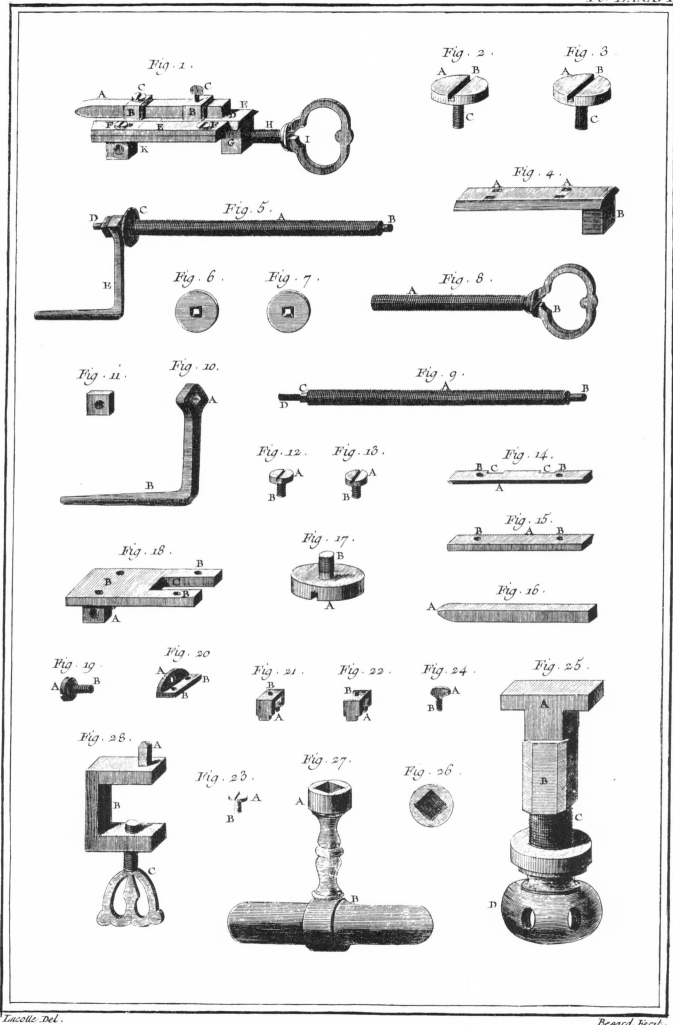

Fig. 1. Fig. 2. Fig. 3. Fig. 4. Fig. 5. Fig. 6. Fig. 7. Fig. 8. Fig. 9. Fig. 10. Fig. 11. Fig. 12. Fig. 13. Fig. 14. Fig. 15. Fig. 16. Fig. 17. Fig. 18. Fig. 19. Fig. 20. Fig. 21. Fig. 22. Fig. 23. Fig. 24. Fig. 25. Fig. 26. Fig. 27. Fig. 28.

Lucotte Del.

Benard Fecit.

*Tourneur, Tour à Figure, Détails du Suport à pivot.*

Pl. LXXXVII.

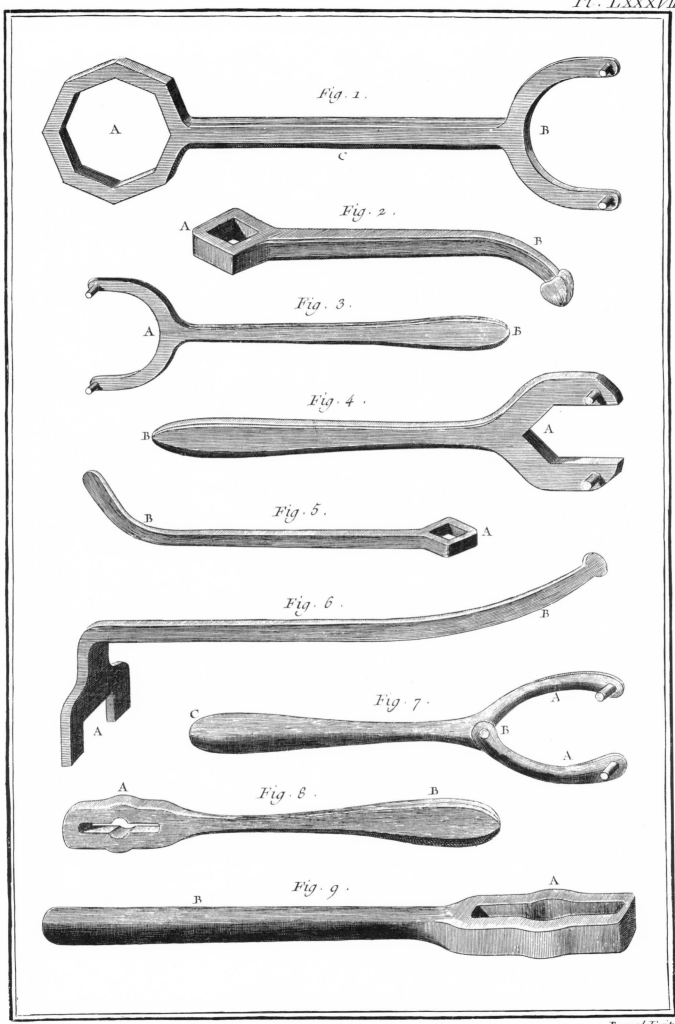

Fig. 1.

Fig. 2.

Fig. 3.

Fig. 4.

Fig. 5.

Fig. 6.

Fig. 7.

Fig. 8.

Fig. 9.

*Tourneur, Tour à Figure, Clefs.*

Achevé d'imprimer
par MAME Imprimeurs à Tours
Dépôt légal : mars 2002 (N° 02012037)